国家级精品课程教材

排　　球

排球精品课程团队　编著

北京体育大学出版社

策划编辑：钱春华
责任编辑：钱春华
责任校对：张　洋
版式设计：博文宏图

图书在版编目（CIP）数据

排球 / 孙平主编. -- 北京 : 北京体育大学出版社, 2009.9（2025.9重印）
ISBN 978-7-5644-0252-5

Ⅰ. ①排… Ⅱ. ①孙… Ⅲ. ①排球运动－高等学校－教材 Ⅳ. ①G842

中国版本图书馆CIP数据核字(2009)第162230号

排球　　**排球精品课程团队　编著**

出版发行：北京体育大学出版社
地　　址：北京市海淀区农大南路1号院2号楼2层办公B-212
邮　　编：100084
网　　址：http://cbs.bsu.edu.cn
发 行 部：010-62989320
邮 购 部：北京体育大学出版社读者服务部 010-62989432
印　　刷：北京昌联印刷有限公司
开　　本：710mm×1000mm　1/16
成品尺寸：170mm×240mm
印　　张：15.25
字　　数：254千字
版　　次：2009年9月第1版　2016年5月第2版
印　　次：2025年9月第7次印刷
定　　价：30.00元

前　言

北京体育大学的“排球”课程是国家级精品课程。该课程是体育教育专业和运动训练专业学生的必修主干课程之一，也是社会体育专业学生的限选课程之一。课程的主要目标是通过排球理论与实践课程的教学，使学生掌握排球运动的基本理论知识，排球主要技术、战术，排球主要技术、战术的教学方法，排球裁判工作、竞赛组织的基本理论和操作方法；了解排球运动的最新动态和发展趋势；了解软式排球和沙滩排球的基本技、战术和比赛方法；培养学生分析问题和解决问题的能力，提高学生的专项素质和能力。

以往的通用教材大而全，既用于普修课程，又用于专修课程，对于普修课程而言并不十分合适。根据排球课程目标以及专业人才培养的需要，我们组织编写了本教材，主要适用于体育院系排球普修课程学生，也可供排球教学工作者和排球运动爱好者阅读。

本教材包括排球运动概述、排球基本技术、排球基本战术、排球竞赛工作、排球竞赛规则与裁判、排球教学工作和沙滩排球与软式排球等章节。全书力求方便学生阅读，注重学生排球技能、比赛能力、教学能力、裁判能力和竞赛组织能力的培养。并将课程改革的成果注入教材中，把国际排联最新规则的相关要点编写到教材中。

教材由精品课程的主讲教师编写，参加编写的有葛春林教授（第一章）、孙平教授（第二、六、八章）、尹洪满副教授（第三章）、古松副教授（第七章）、宋志刚讲师（第四、五章）等。文中动作及裁判员手势由国家级裁判员宋志刚示范。本书由孙平主编并最终审编定稿。

感谢广大师生、读者对教材中存在的不足提出宝贵意见和建议。

编　者

2009 年元月

目　录

第一章

排球运动概述

本章概要

本章主要介绍排球运动的比赛形式、排球运动的起源和传播、主要国际排球大赛、排球运动的特点等。通过本章的学习，可以使学生对排球运动有大致的认识，重点要了解排球运动的特点，有利于大家把握排球运动的规律。

第一节 排球运动比赛方法及特点

排球运动（volleyball）是由人数相等的 2 支球队，在两个被球网隔开的均等的场区内，以身体的任何部位（手和手臂为主）在空中做发球、垫球、传球、扣球和拦网等动作来组织进攻和防守，将球从网上击入对方的场区，而不使球在本方场区落地的球类运动项目之一。排球运动形式多样，一般我们所说的主要是在国际上有统一竞赛规则的正式比赛项目：室内 6 人制排球和沙滩排球。

一、排球比赛方法及基本规则

排球比赛由 1 名队员在发球区内用 1 只手将球直接击过球网开始。每方最多击球 3 次使球过网，不得持球。1 名队员不能连续击球 2 次。比赛不间断地进行，直至球落地、出界或一方队员犯规。

排球比赛采用每球得分制，发球队胜 1 球得 1 分，由该队同 1 名队员继续发球。接发球队胜 1 球得 1 分同时得发球权。得发球权队的场上队员先按顺时针的方向轮转一个位置后，由后排右边的队员执行发球。国际6人制排球比赛采用5局3胜制，前4局每局比分为25分，最后1局决胜局比分为15分，但每局只有在超出对方2分的情况下（比分没有封顶）才为胜1局，胜3局为胜1场。

二、排球运动特点

（一）高度的集体性

排球比赛需要严密的集体配合，个人行为很难从防守直接进入有效进攻。在激烈的比赛中完成快速的战术组合和攻防转换，必须具有高度的战术意识、默契和准确的配合。排球场上的分工包括指挥者（二传）、执行者（主攻）、配合者（副攻），他们有各自的职责，又必须默契配合、相互弥补。

（二）攻防转换迅速

在排球比赛中，从防守转入进攻通过二传环节这个桥梁即完成。要求运动员有很强的串联意识和能力，以及较强的进攻意识。排球大多技术又都具有攻防两重性，积极的防守就可以达到进攻的目的，有效的进攻又是最好的防御。网上的扣拦对抗，更是短兵相接，攻防迅速转换，防御可能直接得分。

（三）准确的判断和果断的决策

在排球运动中，击球是非常重要的技术手段，而所击的球始终都是在空中飞行，对排球运动员的时间和空间感觉要求之高是其他球类项目无可比拟的，需要运动员对来球的力量、速度、角度等做出准确的判断，还要有预判能力，并能够迅速移动到合适的位置准备击球。又由于规则对“持球”的限制，对运动员的决策能力提出了很高的要求，必须在击球瞬间决定如何处理球，同时又能锻炼运动员对击球方向、落点的控制能力。

（四）技术全面

排球运动属于技能主导类隔网对抗性的集体项目。比赛中任何位置的队员都要参与进攻和防守。加上位置的轮换以及各项排球技术具有的攻防两重性，因此每个队员都必须全面地、熟练地掌握各项攻、防技术。由于竞赛规则允许运动员全身任何部位均可触球，就可以充分展现运动员各种高超的击球技巧。

（五）形式多样

排球运动形式多种多样，依据竞赛规则、比赛形式、参与人数或运动目的不同而分为不同类别。如以获取最佳竞赛成绩为目的的室内六人制排球、沙滩排球、坐式排球等竞技类排球运动；以健身娱乐为目的的软式排球、气排球、妈妈排球、4人制排球、9 人制排球、草地排球、泥地排球、雪地排球、墙排球等娱乐健身类排球运动。

第二节　排球运动起源与发展

一、排球运动的起源

排球运动起源于美国。19 世纪末的美国盛行橄榄球和篮球等项目，但运动强度比较大，为了寻求一种运动量适中，又富于趣味性，男女老少都能参加的室内娱乐性项目，1895 年美国马萨诸塞州（旧称麻省）霍利沃克市的基督教青年会干事威廉·摩根（W. G. Morgan）在经过一段时间的摸索之后，在网球场上把球网架在5 英尺 6 英寸的高度上（1. 98 米），然后让人们用篮球内胆隔着网来回拍打，使其在空中飞来飞去，这就是排球运动最早的雏形。但由于篮球内胆太轻，不易控制，篮球和足球又太重，易挫伤手指、手腕，摩根找到美国斯伯丁体育用品公司，设计制作了与现代排球相近的，外表是皮制的，内装橡皮胆的球，圆周为 25 ~ 27 英寸（63. 5 – 68. 5 厘米），重量为 9 ~ 12 盎司（255 ~ 340 克）的历史上的第 1 批排球。今天排球的大小和重量就是据此演变而来的。

摩根最初把这种娱乐活动叫“mintonette”（小网子），据说是因为他发明的这种新的运动从网球运动借用了许多东西。1896 年，在美国马萨诸塞州春田基督教青年会体育指导大会上进行这种游戏的首次公开表演赛。当时观看比赛的春田大学的阿尔福德·T·哈尔斯戴德博士发现该运动的参加者们是在来回不断地“Volley”（意为“截击”）。因而建议把这一运动命名为“Volleyball”，即“空中截球”之意。这个名称得到了摩根及表演者的一致同意。“Volleyball”这个复合词被沿用至今。

1896 年在美国春田市举行了第 1 次排球公开赛，这是世界上第 1 场排球比赛。当时比赛采用 5 人对 5 人。从那以后这个新的运动项目在各学校开展并迅速普及开来。与此同时，也引起了美国军队的兴趣，并把排球列入军事体育项目，广泛在军队中开展，在空军中一度达到狂热的程度。1897 年 7 月在美国体育杂志上公开介绍了排球比赛的打法及简单规则，最初的排球比赛场上没有人数的规定，可在赛前双方临时商定，只要双方人数对等即可。第一个排球规则是美国人卡麦隆先生通过斯伯丁体育出版社出版的。当时规定采用“轮转制”、“每局 15 分”，1918 年又作出了上场人数为 6 人的规定。从此，欧美开始流行 6 人排球。

二、排球运动的发展

（一）世界排球运动的发展

早期排球运动的场地面积、球网高度以及双方参赛人数都没有统一的规则。1897 年，美国基督教青年会出版了第 1 版官方排球规则汇编，但并未对排球运动的统一产生太大影响。1912 年对早期比赛规则作了修订，排球运动开始蓬勃发展起来。1916 年，规则除了把室内排球比赛每方上场队员限定为 6 人外，还把排球网高定为 8 英尺（2.43 米），并且采用轮转发球。这些改变为 1922 年在纽约城举办的第 1 届全美男排冠军赛铺平了道路。1928 年美国排球协会成立，不久以后它就取代了基督教青年会成为美国排球运动的主要组织者。同年，在女子排球比赛中采用了独立的规则，其中的一些规则一直延用到 20 世纪 50 年代。1949 年美国举办了第 1 届女子排球冠军赛，从此女子排球运动得到了迅速普及。

随着基督教青年会的活动，排球运动首先传入美洲一些国家。1900 年，加拿大成为第 1 个在美国之外开展排球活动的国家。接着排球就传入了南美各国：1906 年，传入古巴；1909 年，传入波多黎各；1911 年，传入秘鲁；1912 年，传入乌拉圭；1915 年，传入巴西。在美洲各国，人们习惯地将排球活动看作是一项消遣娱乐活动，并没有看重它的体育竞赛性质，直到 1964 年被列为了奥运会项目，排球在美洲所受的冷遇才得到改观。而在排球运动的发源地美国，更是视排球为一项娱乐运动，直到 20 世纪 80 年代，美国的竞技排球运动才受到人们的关注。

排球传入亚洲较早，也是通过基督教青年会的“和平”途径传播的：1905 年，首先传入中国；1908 年，传入日本；1910 年，传入印度和菲律宾。当排球传入亚洲时，规则尚处于不完备阶段。1910 年，美国传教士布朗将排球运动介绍到菲律宾时，看到亚洲各国经常在室外进行排球运动，且人口众多，考虑到能让更多的人参加排球运动，他介绍的是 16 人制的排球。这种 16 人制的打法又随着 1913 年第 1 届远东运动会的采用而传播到了亚洲各国。这样，亚洲各国都经历了 16 人制、12

人制和9人制排球这一过程，直到20世纪50年代才引进6人制排球。至今，在亚洲各国还能看到9人制的排球比赛。排球运动在亚洲得到了很好的发展，3次击球过网的规则因在一次比赛中一方击球52次后才过网而在菲律宾被规定，随后被世界各国采用；扣球技术也最早出现在亚洲，这使进攻技术与防守技术分化，排球比赛不再是托来托去的运动。

排球运动传入欧洲是通过“战争”的途径。第一次世界大战期间（1914～1919年）和第一次世界大战结束后的几年中，排球运动列入了美军军事训练营的训练计划，推广到美国国内及国外的军事营地，成千上万的排球和球网被送到美国军人的手中。同时它们也被作为礼品赠送给了盟军的体育官员们。这样，排球随着美国军队的军事活动传到了欧洲大陆和地中海沿岸：1914年传入英国，1917年传入法国、意大利，1918年传入南斯拉夫，1919年传入捷克斯洛伐克、波兰、南斯拉夫，1920年传入苏联，1922年传入德国。欧洲的排球运动起步较晚，但已是成熟的6人制比赛形式，因此，发展速度很快，水平较高。

20世纪40年代，由于从事排球运动的国家数量增加，需要有一个国际性的管理组织来监督这项运动进一步发展的要求变得越来越紧迫。1947年，国际排球联合会在巴黎成立，共有14个创始国。虽然首届世界排球锦标赛是在1949年举行的，但是第1次吸引2个以上大洲的参赛者参赛的却是1956年的世界锦标赛。从那时以后，排球运动开始在世界范围内流行起来。

排球运动在奥运会的舞台上亮相后，它的技术、战术发生了飞速的变化。不断更新的排球理念创造出了许多新颖、先进的攻防体系。而随着时间的推移，这些新颖、先进的攻防体系已戏剧性地改变了排球运动的特点。在排球运动发展的初期，打排球并不是一件很费力气的事，因此它很快就以适合缺乏运动的上流社会人群而声名大振。如今在世界最高竞技水平的舞台上，排球已成为一项体现速度、力量、技巧的体育运动，它需要顽强的竞技精神和精确的团队协作。优秀的运动员、强大的竞争对手和以不屈精神塑造球队的教练员，共同写就了室内排球运动的历史。

目前，排球已经成为世界上大众参与程度最高的运动项目之一。现在国际排联的会员中已经有217个国家协会，超过了任何其他国际单项体育协会。男女排球职业联赛在欧洲、亚洲和南美洲吸引了成千上万的观众。国际排联发起的世界男排联赛和世界女排大奖赛，每年以巨额奖金和国际声望为号召力吸引着世界上最优秀的国家队参赛。据保守估计，全世界有超过5亿的人在参加不同水平、不同层次的排球运动。随着其运动形式的不断分化和繁衍，使其更加迎合了终身体育理念，场地条件更为灵活多样，参与人群更加广泛。最近，为吸引从事户外娱乐人群，国际排联设计并推出了——公园排球。同时，为了提高观众兴趣和项目本身的发展，排球规则在最近几年也逐渐发生演变。毫无疑问，接下来的100年将见证这场正在进行的演变，但排球作为世界上最受欢迎、最令人激动的体育项目之一的这一地位，将不会发生变化。

（二）中国排球运动发展

1. 排球运动传入中国

排球运动大约在1905年传入中国，最初的名称叫“队球”。我国首先开展这项活动是在华南、华东和华北地区。1905年，排球运动首先在广州南武中学和香港皇仁书院开展。上海也是开展排球运动比较早的城市之一，1908年，北美基督教青年会派遣爱克斯纳（M·J·Exner）医生来华担任上海基督教青年会体育部主任，他在青年会体育训练班上讲授和介绍了包括排球在内的多种体育运动项目。早在1910年前就有少数华北教会学校开展排球活动，但尚未成为竞赛项目，直到1914年第2届华北运动会在北京天坛举行时，才正式设立排球的竞赛项目。到了20世纪20年代末、30年代初，排球运动传到了山东半岛的烟台、青岛等地，这些地区也组织了许多比赛，为排球运动的推广普及作出了贡献。

1913年组队参加了首届在菲律宾举行的远东运动会排球赛，1915～1934年10届远东运动会我国男排获5次冠军。1914年第2届旧中国全运会上男排被列入正式比赛项目。1930年全国运动会女子排球被列入正式比赛项目。自1927年开始采用9人制比赛方法。1950年7月，在中华全国体育总会举办的全国体育工作者暑期学习会上，首次介绍了6人制排球规则与比赛方法，1951年正式采用6人制。从此，6人制排球在全国逐步地开展起来。

我国的6人制排球继承了9人制排球的上手传球、大力勾手发球、正面扣球、勾手扣球、快球、拦网技术。特别是快球和快攻战术，成为我国排球技、战术打法的主要特色。

2. 不断发展与完善

1953年我国成立排球协会，1954年国际排联正式接纳我国为正式会员国。此时，我国通过对外的交流和比赛学习6人制排球。在学习了当时排球技、战术水平最好的东欧技、战术后，我国也开始考虑如何在学习的基础上，发展有自己特色的排球技、战术。

1956年8月，新中国男女排球队首次参加在巴黎举行的男子第3届、女子第2届世界锦标赛。在24支男子参赛队中我国夺得第9名，17支女子参赛队中我国女队获得第6名的成绩。中国队的后排插上、快球及快球掩护的前后交叉扣球和重叠扣球，在比赛的进攻中成为亮点，使参赛各队耳目一新。经过10年的努力，排球得到了较大程度地普及，而且在技、战术上日益完善，形成具有我国自己特点的技、战术体系。

3. 不断提高，走向世界

进入20世纪60年代，我国排球运动在学习的基础上开始发展自己的特点，形成了自己的风格。1964年，在日本女排夺得第18届奥运会冠军后，周恩来总理邀请大松博文教练率领日本女排再次来华访问，并执教中国女排。当时的体委主任贺龙元帅总结了日本女排的训练方法，提出了著名的“三从一大”原则，即从难、从严、从实战出发，大运动量训练。日本女排带来的新技术、新战术，以及她们的训练作风和方法对我国排球运动起到了推动作用，有着较为深远的影响。所以当1981年中国女排在东京的第3届世界杯女排比赛中，首次夺得世界冠军时，袁伟民教练语重心长地对记者说，要感谢日本排球界对提高中国排球运动水平所作出的帮助。

后来，中国女排再接再厉，在1982年的第9届世界锦标赛、1984年的洛杉矶奥运会、1985年的世界杯和1986年的世界锦标赛上，克服了前进道路上的重重困难，又连续获得了4次世界冠军，大大振奋了中华民族精神，开创了现代排球运动的新纪元。

20世纪80年代后期，世界排球运动迅猛发展，男排的全攻全守打法已代替了高举高打的单一模式。新崛起的欧美各国强队，普遍采用了快速进攻和集体配合的战术打法。本来在高度和力量上就占有优势的欧美等强队，普遍使用了跳发球、后排进攻等强有力的进攻技术，使网上的优势更加明显。同时在防守技、战术上也有了较大的改进，防守成功率也大大提高。在此阶段欧美强队的技、战术水平提高很快。而女子排球技、战术男子化的趋势也来势迅猛，各强队普遍采用了跳发球和后排进攻的技术。在这一时期中国男、女排球队没有明显的技、战术创新，技、战术与欧美等强队相比滞后。

为了重新振奋排球精神，1995年以赛制改革为先导，迈出了排球改革的步伐，赛制的改革使队伍充满了活力，技、战术水平有了较大的进步。在全体排球教练员的带领下，球队增加了凝聚力，重新树立信心。中国女排先于1995年重夺亚洲锦标赛冠军、世界锦标赛第3名，1996年奥运会上又获得亚军。中国男排1997年夺得了阔别10年的亚洲锦标赛冠军。同年还获得了世界锦标赛的参赛资格。然而，中国排球要在世界排坛取得更佳的成绩，并不是在短时间内可以实现的，还需要全体排球界人士的不断努力，才能使我国的排球运动处于世界的前列。

中国加入国际排联后，为世界排球运动作出了自己的贡献。随着规则允许拦网手伸入对方上空，我国发明了“盖帽式”和“屋檐式”拦网，增加了拦网的成功率。我国还发明了近体快球，平拉开扣球，单脚起跳背飞扣球，前飞、背飞扣球，拉三、拉四扣球等进攻打法。中国女排的全攻全守型打法和快速反击进攻，成为当时世界排球运动的发展趋势。

第三节　世界主要排球比赛

一、世界锦标赛系列赛事

世界锦标赛是由国际排球联合会（FIVB）主办的国际排球比赛，是排球运动最早的、规模最大的世界性比赛，每 4 年举行 1 届，受到各国普遍重视。原与奥运会同年举行，1962 年起改在奥运会后第 2 年举行。冠军获得者可直接参加下届奥运会。1989 年，国际排联将世界青年锦标赛、世界少年锦标赛统一纳入世界锦标赛系列赛事活动。

第 1 届世界锦标赛始于 1949 年的布拉格，最初只有男子比赛。1952 年在莫斯科举行了第 1 届世界女子锦标赛和第 2 届世界男子锦标赛。最开始比赛不限制队数，即提出申请的队都可获得参赛资格。但 1986 年（男第 11 届，女第 10 届）国际排联规定只允许 16 个队参加世锦赛，因为排球运动已逐渐成为一项世界性的热门运动，希望获得参赛资格的国家越来越多。具体参赛资格为上一届比赛获得第 1 名～第 7 名的 7 支球队，举办国 1 个队、五大洲锦标赛 5 个冠军队、最后资格预选赛的前 3 名共 16 支参赛队伍。1994 年国际排联对世界锦标赛的参赛资格又作了修改，从最后资格预选赛选取前 3 名增加至前 9 名有资格参加比赛，同时取消世锦赛上届比赛 2～7 名有参赛资格的规定。1998 年在日本举行的世锦赛恢复了男子 24 个队的名额，女子依然保持 16 个队。

世界青年排球锦标赛始于 1977 年在巴西里约热内卢举行。最初是每 4 年 1 次，后改为每 2 年举行 1 次。参赛队伍由东道国代表队、上届冠军队和各洲青年锦标赛的前 3 名组成。比赛规定参赛队员年龄不得超过 20 岁。首届世界少年排球锦标赛于 1989 年在阿联酋（男子）和巴西（女子）举行，每 2 年举行 1 次。参赛队员年龄不得超过 18 岁。

表 1－1　历届男子排球世界锦标赛成绩

届次	时间（年）	举办地	冠军	亚军	季军
1	1949	布拉格	苏联	捷克斯洛伐克	保加利亚
2	1952	莫斯科	苏联	捷克斯洛伐克	保加利亚
3	1956	巴黎	捷克斯洛伐克	罗马尼亚	苏联
4	1960	里约热内卢	苏联	捷克斯洛伐克	罗马尼亚
5	1962	莫斯科	苏联	捷克斯洛伐克	罗马尼亚
6	1966	布拉格	捷克斯洛伐克	罗马尼亚	苏联
7	1970	索非亚	民主德国	保加利亚	日本
8	1974	墨西哥城	波兰	苏联	日本
9	1978	罗马	苏联	意大利	古巴
10	1982	布宜诺斯艾利斯	苏联	巴西	阿根廷
11	1986	巴黎	美国	苏联	保加利亚
12	1990	里约热内卢	意大利	古巴	俄罗斯
13	1994	雅典	意大利	荷兰	美国
14	1998	大阪	意大利	南斯拉夫	古巴
15	2002	布宜诺斯艾利斯	巴西	俄罗斯	法国
16	2006	东京	巴西	波兰	保加利亚

表 1－2　历届女子排球世界锦标赛成绩

届次	时间（年）	举办地	冠军	亚军	季军
1	1952	苏联	苏联	波兰	捷克斯洛伐克
2	1956	法国	苏联	罗马尼亚	波兰
3	1960	巴西	苏联	日本	捷克斯洛伐克
4	1962	苏联	日本	苏联	波兰
5	1967	日本	日本	美国	韩国
6	1970	保加利亚	苏联	日本	韩国

届次	时间（年）	举办地	冠军	亚军	季军
7	1974	墨西哥	日本	苏联	韩国
8	1978	苏联	古巴	日本	苏联
9	1982	秘鲁	中国	秘鲁	美国
10	1986	捷克	中国	古巴	秘鲁
11	1990	中国	俄罗斯	中国	美国
12	1994	巴西	古巴	巴西	俄罗斯
13	1998	日本	古巴	中国	俄罗斯
14	2002	德国	意大利	美国	俄罗斯
15	2006	日本	俄罗斯	巴西	塞黑

二、世界杯赛

这项赛事的前身是亚、欧、美“三大洲”排球赛。1964 年国际排联将其扩大为世界性比赛，并更名为“世界杯”排球比赛。1965 年 9 月在波兰华沙举行了首届世界杯男子排球比赛，1973 年在乌拉圭举办了第 1 届世界杯女子排球比赛。世界杯是由全球高水平的男、女球队参加的国际性排球比赛，每 4 年举办 1 次。从 1977 年起举办地点固定在日本。1991 年开始世界杯赛改为在奥运会的前一年举行，相当于是奥运会的资格赛。获得前 3 名的队伍则有资格进入奥运会。世界杯的参赛资格是：举办国、上届冠军队、当年举行的各大洲锦标赛的冠亚军，最多不超过 12 支队伍。世界杯赛采用单循环制，所有对手都要相遇 1 次，比赛时间长，比赛结果更加客观。

表 1－3　历届男子排球世界杯赛成绩

届次	时间（年）	举办地	冠军	亚军	季军
1	1965	华沙	苏联	波兰	捷克斯洛伐克
2	1969	东柏林	德意志民主共和国	日本	苏联
3	1977	东京	苏联	日本	古巴
4	1981	东京	苏联	古巴	巴西

届次	时间（年）	举办地	冠军	亚军	季军
5	1985	东京	美国	苏联	捷克斯洛伐克
6	1989	东京	古巴	意大利	苏联
7	1991	东京	苏联	古巴	美国
8	1995	东京	意大利	荷兰	巴西
9	1999	东京	古巴	意大利	美国
10	2003	东京	巴西	意大利	塞黑
11	2007	东京	巴西	俄罗斯	保加利亚

表 1－4　历届女子排球世界杯赛成绩

届次	时间（年）	举办地	冠军	亚军	季军
1	1973	蒙得维的亚	苏联	日本	韩国
2	1977	东京	日本	古巴	韩国
3	1981	东京	中国	日本	苏联
4	1985	东京	中国	古巴	苏联
5	1989	东京	古巴	苏联	中国
6	1991	东京	古巴	中国	苏联
7	1995	东京	古巴	巴西	中国
8	1999	东京	俄罗斯	巴西	韩国
9	2003	东京	中国	巴西	美国
10	2007	东京	意大利	巴西	美国

三、奥运会排球、沙滩排球比赛和残奥会坐式排球比赛

1964 年在日本东京举行的第 18 届奥运会上，排球被正式列为奥运会比赛项目。奥运会排球比赛是世界最高水平的比赛，受到各国政府、体育组织和运动员的普遍重视，参加奥运会比赛要经过严格的选拔。1992 年第 25 届奥运会后，国际排联对奥运会排球项目的参赛资格作了新规定：从 1996 年第 26 届奥运会起，参赛队

由原来的男子 12 支队伍、女子 8 支队伍改为男、女各 12 支队伍。具体为：举办国 1 个队、上届奥运会冠军 1 个队、前 1 年的世界杯赛前 3 名 3 个队、5 大洲奥运会预选赛五个队以及国际排联直辖的两大区落选赛的第 1 名 2 个队，共 12 个队进入奥运会的决赛。

沙滩排球于 1996 年亚特兰大第 26 届奥运会上被列为正式比赛项目，男、女各 24 支队伍参加比赛，每队 2 名运动员，每个协会最多 2 个队。

1980 年男子坐式排球项目在莫斯科举行的第 6 届残奥会上第 1 次列为正式比赛项目；2004 年女子坐式排球在雅典举行的第 12 届残奥会上列为比赛项目，中国队夺得冠军，2008 年中国女队北京残奥会蝉联冠军。

表 1－5　历届男子排球奥运会比赛成绩

届次	时间（年）	举办地	冠军	亚军	季军
18	1964	东京	苏联	捷克斯洛伐克	日本
19	1968	墨西哥城	苏联	日本	捷克斯洛伐克
20	1972	慕尼黑	日本	民主德国	苏联
21	1976	蒙特利尔	波兰	苏联	古巴
22	1980	莫斯科	苏联	保加利亚	罗马尼亚
23	1984	洛杉矶	美国	巴西	意大利
24	1988	汉城	美国	苏联	阿根廷
25	1992	巴塞罗那	巴西	荷兰	美国
26	1996	亚特兰大	荷兰	意大利	南斯拉夫
27	2000	悉尼	南斯拉夫	俄罗斯	意大利
28	2004	雅典	巴西	意大利	俄罗斯
29	2008	北京	美国	巴西	俄罗斯

表 1－6　历届女子排球奥运会比赛成绩

届次	时间（年）	举办地	冠军	亚军	季军
18	1964	东京	日本	苏联	波兰
19	1968	墨西哥城	苏联	日本	波兰

届次	时间（年）	举办地	冠军	亚军	季军
20	1972	慕尼黑	苏联	日本	朝鲜
21	1976	蒙特利尔	日本	苏联	韩国
22	1980	莫斯科	苏联	民主德国	保加利亚
23	1984	洛杉矶	中国	美国	日本
24	1988	汉城	苏联	秘鲁	中国
25	1992	巴塞罗那	古巴	独联体	美国
26	1996	亚特兰大	古巴	中国	巴西
27	2000	悉尼	古巴	俄罗斯	巴西
28	2004	雅典	中国	俄罗斯	古巴
29	2008	北京	巴西	美国	中国

表 1－7　历届男子沙滩排球奥运会比赛成绩

奥运会	项目	奖牌	国家/地区	运动员
2008 年北京	男子沙滩排球	金牌	美国	菲利浦·达尔豪瑟/托德·罗杰斯
2008 年北京	男子沙滩排球	银牌	巴西	奥·阿劳约/法比奥·路易斯
2008 年北京	男子沙滩排球	铜牌	巴西	桑托斯/雷戈
2004 年雅典	男子沙滩排球	金牌	巴西	里卡多/埃曼努尔
2004 年雅典	男子沙滩排球	银牌	西班牙	博斯马/赫雷拉
2004 年雅典	男子沙滩排球	铜牌	瑞士	科贝尔/修舍尔
2000 年悉尼	男子沙滩排球	金牌	美国	戴恩·巴尔顿/艾里克·弗诺伊莫亚纳
2000 年悉尼	男子沙滩排球	银牌	巴西	马尔科·何塞/里卡多·桑托斯
2000 年悉尼	男子沙滩排球	铜牌	德国	尤尔格·阿哈曼/阿列克斯·哈格
1996 年亚特兰大	男子沙滩排球	金牌	美国	肯·斯特弗斯/卡·斯拉利
1996 年亚特兰大	男子沙滩排球	银牌	美国	迈·怀特马什/米·多德
1996 年亚特兰大	男子沙滩排球	铜牌	加拿大	约·蔡尔德/马·希塞

表 1－8　历届女子沙滩排球奥运会比赛成绩

奥运会	项目	奖牌	国家/地区	运动员
2008 年北京	女子沙滩排球	金牌	美国	沃尔什/梅
2008 年北京	女子沙滩排球	银牌	中国	田佳/王洁
2008 年北京	女子沙滩排球	铜牌	中国	薛晨/张希
2004 年雅典	女子沙滩排球	金牌	美国	沃尔什/梅伊
2004 年雅典	女子沙滩排球	银牌	巴西	巴哈尔/贝代
2004 年雅典	女子沙滩排球	铜牌	美国	麦科皮克/扬斯
2000 年悉尼	女子沙滩排球	金牌	澳大利亚	娜塔莉·库克/桑德拉·塔瓦雷斯
2000 年悉尼	女子沙滩排球	银牌	巴西	塞尔达·贝德/安德里娅娜·贝哈
2000 年悉尼	女子沙滩排球	铜牌	巴西	凯莉安·波特哈斯特/萨缪尔·拉莫斯
1996 年亚特兰大	女子沙滩排球	金牌	巴西	桑·皮尔斯/杰·席尔瓦
1996 年亚特兰大	女子沙滩排球	银牌	巴西	莫·罗德里格斯/阿·萨穆尔
1996 年亚特兰大	女子沙滩排球	铜牌	澳大利亚	娜·库克/科－安·波萨斯特

四、世界男排联赛、世界女排大奖赛和大冠军杯赛

世界男排联赛（World League）是国际排联组织的商业性比赛，始于 1990 年，目的是扩大排球运动在全球的影响力，参赛队为五大洲的国家队，比赛一般在夏季进行，为时 1～2 个月。比赛先进行主客场的小组赛，然后排名靠前的参赛队在一个国家进行总决赛，决出冠军。世界男排联赛的规模在不断扩大，从最初的 8 支球队到后来的 12 支球队，现在已经达到 16 支球队。中国男排从 1990 年开始参加世界男排联赛，最好成绩是 1996 年的第 6 名。

世界女排大奖赛（World Grand Prix）是国际排球联合会一年一度举行的大型世界排球比赛，相对于世界男排联赛，不必缴纳高昂的参赛费。世界女排大奖赛自 1993 年举办首届赛事以来已经进行了 16 届，中国女排参加了全部的 16 届比赛，并在 2003 年击败俄罗斯首次问鼎大奖赛的总冠军，这也是中国女排唯一一次夺得总决赛冠军的经历。2007 年，中国女排在分站赛表现不佳，最终仅凭借东道主身份入围总决赛，但是在总决赛中她们仅仅负于最终夺冠的荷兰女排，位居次席，这也是中国女排历史上第 4 次获得大奖赛亚军，此外她们还曾获得过 3 次第 3 名、4

次第4名和3次第5名。巴西女排是世界女排大奖赛的最大赢家，她们曾经获得过6次冠军，2004年~2006年间更是获得了三连冠，此外，俄罗斯曾三度问鼎，美国和古巴两度折桂，而中国队和荷兰则仅有一次夺冠的经历。

世界女排大奖赛的地位不及其他3个4年一度举行的世界大赛，但奖金远胜世界大赛，乃纯粹商业性比赛。故夺得世界女排大奖赛冠军一般不被视作世界冠军。不过大奖赛却造就了世界女排的明星化，对女排在全世界的推广作用有着一定的贡献。

大冠军杯赛英文全称为World Grand Champions Cup（WGCC），是由国际排联推出的继奥运会、世界杯和世锦赛之后第4项国际排球的最高级别赛事。大冠军杯赛1993年创立，每4年举办一届。大冠军杯赛的总奖金达到200万美元，冠军能够独享30万美元奖金，第6名也有5万美元进账，高额奖金使各队参与的积极性也非常高。大冠军杯赛的设立填补了奥运会年之后一年无排球国际大赛的空白，保持了排球在每一个奥运周期内年年都有大赛。

本章思考题

1. 排球运动传入亚洲时在比赛形式上有何特别之处，你认为是什么因素造成的？
2. 中国对世界排球运动有哪些贡献？
3. 国际排联组织的世界排球大赛有哪些？中国女排共夺得过哪些比赛的冠军？

第二章

排球基本技术

本章概要

本章主要指导学生学习排球基本技术。通过学习使学生掌握排球基本技术，并能够比较熟练地运用这些技术。各项技术分析部分提出了学习的重点和难点以及技术要领，能够帮助大家尽快掌握技术。把比赛中各项技术的运用放在本章中，并专门编写了技术间的关系及其串联一节，旨在培养技术运用意识和能力，使学生能够主动选择技术或个人战术在串联练习和比赛中运用。最后，本章归纳了各项技术的教法，帮助学生掌握基本技术的教学步骤、主要练习方法以及对错误动作进行诊断和纠正，培养教学能力。

第一节　排球技术概述

一、排球技术概念

排球技术是指运动员在比赛规则允许的条件下所采用的各种合理击球动作和配合动作的总称。

每项排球技术又分为击球前动作、击球时动作和击球后动作。击球前动作包括准备姿势、移动、起跳等；击球时动作包括迎球、击球点、击球部位、击球手型、击球的协调发力等；击球后动作包括落地缓冲和倒地等。击球前的动作关键是更好地找到球，判断和意识等参与其中。击球时的动作关键是更好地感知来球和控制球，击球后的动作关键是自我保护和衔接下一个动作。

对于初学者来说，击球时的动作是学习的重点，击球前的动作是学习的难点，击球后的动作需要加强重视。

二、排球技术特点及分类

（一）排球技术特点

1. 完成各种击球动作的时间短促，需要果断的决策能力。
2. 完成各种击球动作的条件均是球在空中飞行时，需要良好的判断能力。
3. 每项技术都可能得分，又都可能失分，需要良好的适应球能力和控制球能力。
4. 全身各部位都能触球，需要良好的协调性和灵活性。

（二）排球技术分类

排球运动主要有五大基本击球技术，它们是发球、垫球、传球、扣球和拦网。主要的配合动作包括准备姿势、移动、起跳、倒地等。

第二节 准备姿势和移动

一、技术特点及分类

准备姿势和移动是排球基本技术的击球前动作，是完成各项技术的前提和基础。准备姿势和移动动作紧密相连，快速移动离不开正确的准备姿势。由于各项技术的准备姿势和移动有许多共同之处，为了便于大家的学习，我们把各种准备姿势和移动放在一起进行分析。

准备姿势根据身体重心的高低分为：稍蹲准备姿势、半蹲准备姿势和低蹲准备姿势。

移动根据步法可以分为：滑步移动、交叉步移动、跨步移动、跑步移动等。

准备姿势和移动学习的难点是：对准备姿势和移动重要性的认识及习惯养成，下肢及腰腹力量，对球的判断，以及制动变向的灵活性。

二、动作方法及要领

（一）准备姿势

准备姿势可使身体和心理活动处于良好的“临战”状态，有利于起动、移动。规范的准备姿势还有利于掌握各项排球技术。

准备姿势根据身体重心的高低分为半蹲准备姿势、稍蹲准备姿势和低蹲准备姿势。

1. 半蹲准备姿势

两脚左右开立比肩略宽，两脚前后销错开，脚跟稍提起。站在左半场时则左脚略在前，右半场则右脚略在前，两脚保持微动。膝关节保持微屈，其垂直线应在脚尖前面，以减小身体的稳定性。上体前倾，肩的垂直线应在膝关节前面，重心靠前，含胸收腹，两眼注视来球。两臂自然放松屈肘，两手置于腹前。以便自如地完成移动和击球动作（图2－1）。

（1）　　（2）

图2－1　半蹲准备姿势

2. 稍蹲准备姿势

稍蹲准备姿势比半蹲准备姿势的重心稍高，比半蹲准备姿势的膝关节角度和髋关节角度都较大，动作方法相同。

3. 低蹲准备姿势

低蹲准备姿势的身体重心比半蹲准备姿势的身体重心更低、更靠前，两脚左右、前后的距离更宽些，膝关节的弯曲程度更大些，上身前倾，肩部投影过膝，双手置于胸、腹之间。

（二）移动步法

移动的目的是主动及时地接近球，保持好人与球的位置关系，便于击球。能否及时移动直接影响到技术、战术的质量。移动由起动、步法交换和制动 3 个环节组成。起动是移动的开始，它是在准备姿势的基础上变换身体重心，打破准备姿势时的平衡，便于身体向目标方向移动。起动后要根据技、战术的需要，灵活地运用各种步法进行移动。移动后为了保持稳定的击球姿势和击球质量，必须进行有效的制动。

1. 影响起动速度的力学因素

（1）起动方向上稳定角（支撑点与重心的连线与重心投影线之间的夹角）的大小。稳定角越小，起动速度越快。减小两脚的支撑面，或移动身体重心，就能减小稳定角。

（2）蹬地力量的大小。蹬地力量越大，地面给予人体的支撑反作用力越大，起动速度越快。

（3）蹬地角的大小。作用力方向与水平面的夹角越小，起动速度越快。在支撑面不变的情况下，身体重心偏移动方向越多，蹬地角越小。

2. 动作方法

（1）滑步移动

球离身体 1 ~2 米，且有一定高度时采用。如向右滑步时，右脚先向右迈出一步，左脚迅速并上，落在右脚的左侧，如此连续做即为滑步。向前滑步时前脚先迈出一步，后脚迅速跟上落于前脚之后。滑步可以一步，也可以多步。滑步移动容易变向，也容易保持身体平衡，便于随时作好击球准备。

（2）跨步移动

球离身体 1 米以内使用。同侧脚向移动方向跨出一大步，屈膝，同时异侧脚用力蹬地。上体前倾，身体重心移到跨出腿上（图 2 –2），跨步可以向前、向侧前或向侧方跨出。

图 2 –2　跨步移动

（1）　（2）

图 2 –3　交叉步移动

(3) 交叉步移动

球离身体2~3米时可以选择交叉步。向左移动时，上体稍向左转，右脚从左脚前面向左交叉迈出一大步，左脚再迅速向左跨步落于右脚的左边。同时身体转向来球的方向（图2-3）。向右移动时同理。

(4) 跑步移动

跑步是最常用、也是最好用的移动方法，可以向各个方向跑动。可以一两步，也可以多步。运用的难点是制动，只有制动好才能稳定击球。

(5) 综合步移动

以上各种步法的综合运用。

三、教学顺序、步骤及主要练习方法

(一) 教学顺序

准备姿势教学顺序：应以半蹲准备姿势为重点内容，稍蹲准备为次之。在初步掌握传球、垫球和扣球技术后再结合后排防守技术学习低蹲准备姿势。否则容易使学生双脚的移动步法因下肢负担重而失去灵活性。

移动的教学顺序：应以并步、滑步、交叉步、跑步、跨步的顺序进行。在移动的方向上，应先学习向前、向左和向右的移动，最后学习向后的移动和转体向后跑步移动。

(二) 教学步骤

1. 示　范

教师对教学动作先进行完整示范，然后边讲解边进行分解示范：双脚的取位、移动方法、身体姿势及重心位置、手臂的姿势及位置等。

2. 讲　解

讲解准备姿势和移动的目的、作用；准备姿势和移动的分类；半蹲准备姿势的动作要点；半蹲、稍蹲、低蹲准备姿势的相同点与区别；移动步法及运用时机等。

3. 组织练习过程

先进行原地模仿练习，然后进行连续的移动练习。先徒手练习，然后结合球练习，最终结合技术进行练习。

4. 纠正错误动作

（三）主要练习方法

1. 准备姿势模仿练习，模仿教师动作，同学间相互模仿、纠正。

2. 起动练习，在场地端线处准备练习。取站姿、碎步、高抬腿、坐姿或卧姿等，面向球网或背向球网，根据手势和口令迅速起动冲过进攻线。

3. 2 人互摸后背。

4. 2 人互摸脚后跟。

5. 1 人抛球，1 人移动接球。抛向练习者的前、后、左、右。用滑步、跨步、交叉步或跑步去找球。

6. 结合传垫球技术的练习。

四、常见问题及其诊断（表 2－1）

学生一般不会感觉到准备姿势和移动中存在困难，或出现问题，只有在运用移动步法完成击球动作时才会表现出错误。这里我们把常见的错误例举出来。

表 2－1 常见问题及其诊断

现象		诊断
准备姿势	1. 身体重心高 2. 动作不协调 3. 臀部后坐，全脚掌着地	1. 对准备姿势重要性认识不够；或腿部力量不够；或动作概念不清。 2. 两脚外八字；或两脚平行；或两脚不够宽；或两脚前后距离太大。 3. 动作概念不清；或担心摔跤。
移动	1. 起动慢 2. 移动速度慢 3. 制动不好 4. 变向能力差	1. 重心过高、过低、偏后；或主动判断不够；或注意力不集中。 2. 步法不正确；或步法不熟练；或动作紧张。 3. 制动步法不正确；或移动步法运用不当。 4. 判断不好；或制动不好；或身体重心起伏过大；或灵活性有欠缺。

第三节　发球技术

一、技术特点及分类

发球技术是排球比赛中唯一不受对方和同伴的影响，不需要同伴配合的技术。掌握发球技术动作方法不难，只要充分重视抛球，掌握正确的挥臂轨迹即可。

发球技术的分类有多种，根据击球点的高低分为上手发球和下手发球。根据发出球的性能可以分为飘球和旋转球。根据发球站位时的朝向可以分为正面发球和侧面（勾手）发球。还有原地发球和跳起发球之分。主要是根据球的性能进行分类。

发球技术学习的难点在于发出好性能的球，这需要长时间的磨练。比赛中的发球还会面临一个难点，就是如何调整自己的心理状态，保证发球技术的稳定发挥。以下发球技术的分析全部以右手发球为例。

二、动作方法及要领

（一）侧面下手发球

侧面下手发球可以利用转体力量带动手臂击球，不费力，适用于初学者，也适合女学生。

1. 动作方法

（1）准备姿势

左肩对网，两脚左右开立，与肩同宽，两膝微屈，弯腰收腹上体稍前倾，重心落在两脚间，左手持球于腹前。

（2）抛球

左手将球平稳抛起，离手 10～20 厘米，距离身体一臂远。

（3）挥臂击球

右手外展引臂，同时重心移至右腿，在左手抛球时，右脚蹬地向左稍转体带动右臂向体前上方摆动，在腹前击球的后中下部。击球后，迅速进场比赛（图 2－4）。

（4）击球手法

下手发球的击球手法可以是五指并拢，用掌根击球，也可以半握拳的拳心击球，还可以用虎口击球（图 2－5）。

（1）　　　　　　（2）

图 2－4　侧面下手发球

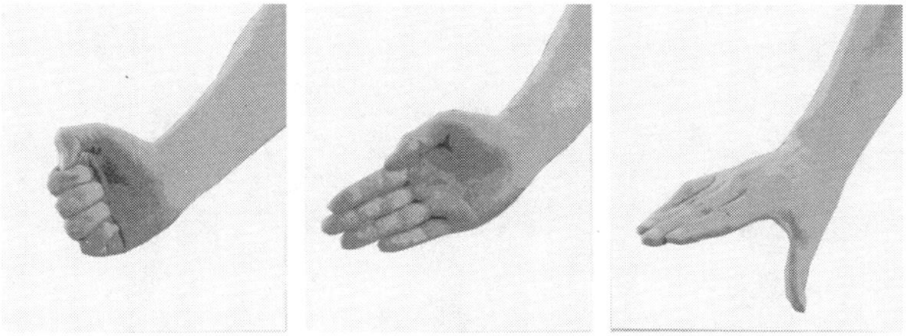

（1）　　　　　　（2）　　　　　　（3）

图 2－5　下手发球击球手法

2. 下手发球技术要点

（1）侧面下手发球的动作顺序是右手引臂→左手抛球→右手挥击球。

（2）抛球距离身体一臂远，且不可高于胸部。

（3）摆臂动作以肩为轴，肘关节可以微屈，但要固定。

（4）发球的全过程眼睛要注视球，击球部位在球的中、下部，击球后手臂突停。

（二）正面上手发球

正面上手发球是利用转体、收腹带动手臂加速挥击，同时利用手腕的推压动作，使发出的球向前旋转飞行的发球方法。这种发球需要较强的腰腹力量，更适合男同学学习。

1. 动作方法

（1）准备姿势

面对球网，两脚自然开立、微屈，左脚在前，左手持球于体前。

（2）抛球

用抬臂和手掌的平托上送，将球垂直抛于头上方，高于头 1 米以上。

（3）挥臂击球

在左手抛球的同时，右臂抬起，屈肘后引，肘与肩平，手指自然张开拉至耳边，上体稍向右侧转动。击球时，利用蹬地，使上体向左转动，同时收腹，带动手臂挥动，完成鞭甩动作。用力顺序是腰带肩→肩带上臂→上臂带前臂→前臂带手腕，最后传递到手。在右肩上方伸直手臂处击球（图 2－6）。击球后，随着重心前移，迅速进场比赛。

（1）　（2）　（3）

图 2－6　正面上手发球

（4）击球手法

用全手掌击球的中下部。击球时，手指自然张开吻合球，手腕迅速、主动做推压动作，使击出的球呈现上旋飞行（图 2－7）。

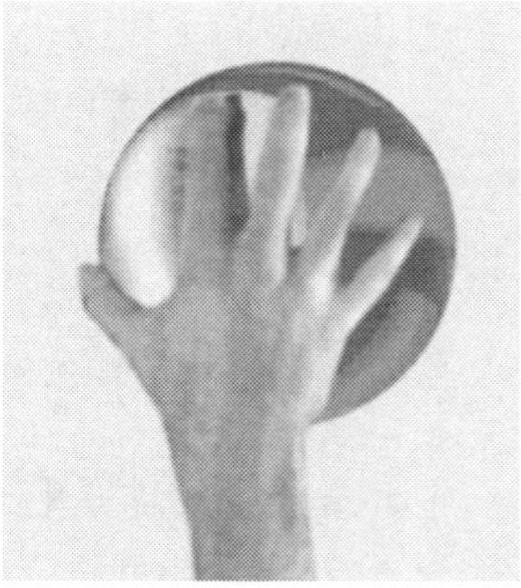

图 2－7　上手发球手法

2. 上旋球原理

（1）伯努利定理：流体速度较小的地方，其压力较大；流速较大的地方，其压力较小。

（2）马格努斯效应：物体旋转时，带着与其接触的那部分流体一起旋转，这部分流体又会与相临的流体产生同样的影响，物体就得到一个跟它一起旋转的附面层。球上面附面层中空气与气流方向相反，速度减慢，形成高气压，而球下面的空气与气流方向相同，速度不变，形成低气压。球上下两边压力不同的结果，使球获得一个向下的合力作用，很快落地。

3. 上手发球技术要点

（1）抛球环节很重要，认真抛到位。

（2）击球时重心在左脚，左脚必须很好地支撑。

（3）腰腹发力很重要，躯干和上肢的鞭打动作最关键。

（4）击球点在头上方最高点，全手掌包满球，鞭打动作要完整。

（三）上手发飘球

上手发飘球是采用正面上手的形式，发出的球不旋转，而出现不规则飘晃飞行的一种发球方法。

1. 动作方法

（1）准备姿势

同上手大力发球。

（2）抛球

左手掌平稳而准确地将球抛在体前右肩前上方，比上手大力发球偏前、偏低，且不旋转。

（3）挥臂击球

抛球的同时，右臂抬起，屈肘后引，肘略高于肩，上体稍后展。以收腹、转体迅速带动手臂挥动。挥臂的最后阶段呈直线，在右肩前上方，用手掌的坚硬部位掌根击球的后中、下部。击球用力集中、迅猛，作用力通过球的重心，使球不旋转地向前飞行。击球后迅速入场比赛（图 2－8）。

（4）击球手法

五指并拢，手腕稍后仰保持一定的紧张（图 2－8（3））。击球瞬间，手指、手腕固定，不加推压动作。用掌根部位击球，击球后，手臂要有突停动作。

2. 影响球飞行中飘晃的主要原因

（1）在空气中飞行的不旋转物体，由于没有旋转轴，因而其飞行轨迹不稳定。

（2）制球材料不完全均匀及气嘴重量的影响，球的实际重心与几何重心不一致，产生力偶。当球体不旋转飞行时，便会朝着接近实际重心的方向倾斜，偏离轨迹，产生飘晃现象。

（1）　　　　　　（2）　　　　　　（3）

图 2－8　上手发飘球

（3）球体表层黏合线横竖不一，飞行中空气对流速度不同，造成压强不同，球体可能偏离轨迹。

（4）根据雷诺系数，球速因受空气阻力的影响逐渐减慢。当球速达到 5～10 米/秒时，球体会受到近 2 倍于球速的空气阻力，球体便突然失速，造成突然下沉。

（5）不旋转的球后面的空气稀薄，压力迅速降低，形成漩涡，漩涡越大，对球产生的阻力就越大。

3. 上手发飘球技术要点

（1）为了使球不旋转，作用力须通过球的重心，只有挥臂后段呈直线运动才有可能做到。因此击球点有别于上手发球，不是伸直手臂的最高点，应该稍低、稍前。因为伸直手臂的最高点击球是以肩为轴的弧形挥臂。

（2）击球后手臂突停，也是为了使作用力更好地通过球的重心，避免出现分力。

（3）发力顺序仍然是腰带肩，肩带肘。击球时重心在左脚。

（四）勾手发飘球

勾手发飘球，球的性能与上手发飘球相同，因此动作的关键是击准球的重心，使球不旋转。由于勾手发球对动作的协调性要求较高，掌握起来有一定的难度。但勾手发球可以更好地借助转体发力，建议女同学学习勾手发球。

1. 动作方法

（1）准备姿势

左肩对网，两脚自然开立与肩同宽，微屈，左手持球在体前。

（2）抛球

左手平稳地将球抛在左肩的前上方约一臂高度。

（3）挥臂击球

抛球的同时，上体向右倾，身体重心右移，右手向侧后下方引臂。挥臂击球时，以右腿蹬地、上体向左转动和身体重心的向左偏移来带动右臂向左上方加速挥动，在头前上方击球的后中、下部。击球后随重心左转前移迅速进入场地（图2-9）。

（1）　（2）　（3）

图2-9　勾手发飘球

（4）击球手法

与上手发飘球相同，用掌根击球，击球时用力集中并通过球的重心。

2. 勾手发飘球技术要点

（1）先引臂后抛球，引臂、抛球、击球的动作要协调连贯。

（2）击球后突停，避免转体动作过大。

（3）引臂时肩放松，向后下方摆动，挥臂轨迹近乎与地面垂直，击球点要高于肩。

（五）跳发球

运动员采用助跑起跳的方式，在空中将球击入对方场地的发球方法。由于是空中击球，击球点高，身体可以充分伸展，有利于充分发力，因此力量大，旋转强，速度快。目前许多世界优秀排球运动员都采用跳发球技术。

1. 动作方法

（1）准备姿势

面对球网，在端线外3～4米处。

（2）抛球

用单手或双手将球抛起，高度在3.5～5米，落点在端线附近。

（3）挥臂击球

随着抛球离手开始向前助跑起跳，一般采用2步或3步助跑起跳。起跳时两臂由后向前协调摆动，摆幅要大。击球时利用收腹和转体动作带动手臂，击球点在右肩前上方，伸直手臂，全手掌击球的中下部，并伴随推压动作，使球呈现上旋飞行。击球后，双脚落地，双膝缓冲，迅速进场（图2－10）。

（1）

（2）

图2－10 跳发球

2. 跳发球技术要点

（1）作为普通排球爱好者，要尝试跳发球，关键是掌握身体在空中最高点击球的时机，起跳的高度不十分重要。

（2）抛球高度要固定，便于固定助跑时机、助跑步幅和起跳时机。

（3）击球的手法同上手大力发球，全手掌包满球，鞭打挥击。

三、比赛时个人发球战术

主动进攻是最积极的防守，发球时给对方增加威胁，可以赢得第 1 回合的先机，还可以减轻第 2 个回合防守反击的压力。

（一）提高发球的攻击性

发球的攻击性体现在弧度平、速度快、力量大、旋转强等。

（二）控制发球落点

发球较好的落点有：排球场的底线附近、对方接发球空当处、网前、接发球队员站位的结合部等。

（三）发球找人

发球找人战术可以是找接发球差的队员、准备进攻的队员、正在插上的二传队员等。

（四）掌握发球节奏

掌握发球节奏是指：利用发球规则的 8 秒时间，当对方比较乱的时候，鸣哨即发球，增加突然性；我方出现问题时，延长发球时间，便于增加沟通。另外，鸣哨 5 秒后再发球，增加对方接发球的心理压力。

（五）合理把握发球的攻击性和稳定性

在对方处于进攻强轮、本方前排拦网较弱、本方得分比较困难时，要提高发球的攻击性，尽可能破坏对方的接发球进攻。在对方处于进攻弱轮、本方拦防强轮、本方连续得分、本方连续发球失误、关键比分时，要提高发球的稳定性，减少发球失误。

四、教学顺序、步骤及主要练习方法

（一）教学顺序

初学者应先进行正面或侧面下手发球的教学。女生以侧面下手发球教学为主，便于掌握发力环节。在下手发球技术掌握后，可以学习勾手发飘球。而男生对下手发球技术比较容易掌握，在教学初期作为介绍技术进行教学，为尽快进入比赛作准备。以学习上手发球为主。先学正面上手发球，由于其同扣球击球手法接近，可相互促进。其后再学习正面上手发飘球。如有学生基础较好，且有良好的身体素质，可在熟练掌握原地发球后，介绍跳发球和跳发飘球。

（二）教学步骤

1. 示 范

教师以规范的完整动作进行示范。分解示范时突出抛球、抛球与引臂的配合、击球手法和击球部位，让学生理解技术关键。

教师站在发球区内进行示范讲解，学生站在教师的挥臂击球手一侧观察示范并听讲解。

2. 讲 解

发球在比赛中的作用；取位；不同发球两脚的站位方法；抛球的手法及方位、高度、性能等；抛球与引臂的配合；挥臂轨迹；击球手法；击球部位等。

3. 组织练习过程

先徒手练习，然后用球练习；先近距离发球，逐步增加发球距离；先不隔网发球，然后隔网发球，最后端线发球。在掌握技术动作的基础上，逐步提高发球的攻击性。

4. 纠正错误动作

（三）主要练习方法

1. 徒手挥臂

（1）模仿正确的动作进行练习。可以面对镜子练习，或同学之间相互观看指正。

（2）在下手发球或勾手发飘球的徒手练习时，可以默念口令“1，2，3”，想象动作进行练习：“1”引臂，“2”抛球，“3”击球。

2. 抛球练习

（1）不同的发球对抛球的位置或高度的要求不同，一定按要求练习。

（2）练习上手发球和勾手发球的抛球时，可以选择墙、挡网、篮筐、球网等参照物，检验每次抛球是否到位。认真体会动作感觉与抛球效果之间的关系，及时进行调整。

3. 击固定球

（1）可以单人练习，左手托球，右手击球，或左手托球在墙上，右手击球。

（2）可以 2 人练习，1 人持球，1 人练习，2 人交换。注意用正确的手法击准球的相应部位。

4. 对墙或挡网发球

（1）距离从 3 米开始，小力量发球；然后是 5 米左右，中等力量发球；再是 7 米左右，逐步增加发球用力。注意协调抛球和击球动作。

（2）在墙上划高低、左右几个区域，瞄准区域进行练习。还可以同学之间进行比赛。

5. 隔网发球

从近距离开始，用中小力量，然后增加距离，增加力量，最后到端线处练习各种发球。

注意：盲目用力是掌握正确技术的大敌。开始练习时采用近距离和不隔网发球，是为了帮助学生把注意力放在技术动作上，而不用考虑是否能过网。100% 用力容易造成动作变形。

6. 2 人 1 组对发球

（1）不隔网，2 人相距 9 米练习。

（2）隔网对发球，先从中场开始，逐步后退到端线。练习下手发球或练习上手发球。

注意：尽可能发球到同伴手上，同伴尽可能接住发来的球，训练控制发球的落点和对球的判断和移动取位能力。

7. 连续发球

提高发球的稳定性。1 人连续发 5 次球，计好球次数。或要求连续发 3 次（或 5 次）好球为 1 组，完成若干组。还可以进行比赛，比 5 次发球中谁的好球次数多或者谁先完成连续 3 ~ 5 次好球。

8. 规定区域发球

提高发球的准确性。将场地划分成 2 个区、3 个区或 6 个区。将球发到指定的区域内，或发球到每个区域内。可进行比赛，看谁发进区域的球多。

五、常见问题及其诊断（表2－2）

我们将学生在练习和比赛中经常出现的问题例举出来，并指出造成这些现象的原因，大家可以对照正确的动作方法，寻找到解决问题的方法。各项击球技术的教学部分在分析错误动作时均采用这种方式。

表2－2　常见问题及其诊断

现象		诊　断
下手发球	1. 发出球只高不远 2. 球总是发不过网 3. 击球左右乱飞 4. 球总是击在手臂上	1. 抛球过高，击球的底部。 2. 准备姿势没有弯腿；或脚下没有支撑好；或引臂幅度不够。 3. 抛球不固定，影响挥臂轨迹的固定，导致击球不准；或击球时眼睛没有注视球，击球不准。 4. 抛球距离身体太近。
上手发球	1. 打不出上旋球 2. 发球总是下网 3. 发球不过网	1. 手指、手腕过于紧张，没能很好地与球吻合；或发力顺序不对，手腕发力过早，没有形成鞭打动作。 2. 抛球过前，导致击球部位偏上。 3. 缺乏力量；或脚下支撑不好，影响动量的传递，力量没能发挥出来。
上手飘球	1. 发球下网 2. 发出的球弧度很高 3. 击出的球不规律旋转 4. 击出的球有规律旋转 5. 出现推球动作	1. 抛球太低、太靠前，或击球带手腕。 2. 抛球偏后、偏高。 3. 挥臂轨迹不固定，造成击球不准。 4. 挥臂动作呈弧形或手腕有推压动作。 5. 发力顺序出错，肘关节发力过早，腰腹发力不够。
勾手飘球	1. 击不准球 2. 球总是偏左侧出界	1. 手臂和身体的动作协调配合不好。 2. 转体动作过大；或挥臂横摆，击球部位偏右；或抛球离身体太近。

第四节　垫球技术

一、技术特点及分类

垫球技术是排球比赛中最基本的技术之一，也是初学者必须掌握的技术之一。垫球技术分为很多种，但初学者只要掌握 1 ~2 种就足够参与比赛。随着能力的提高，比赛水平的提高，再逐步学习更多的、实用的垫球技术。

垫球技术的分类见图 2 －11。

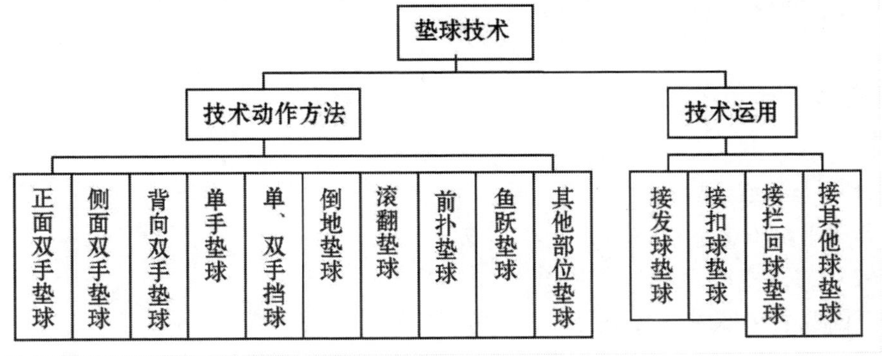

图 2 －1　垫球技术分类图

对于初学者来说，垫球技术学习最困难的地方可能是垫击部位疼痛，尤其是在冬季，甚至少数同学会出现局部皮下出血的情况。初期可以选择软式排球。没有条件的话，只要坚持 4 ~6 个学时就可以适应，不再感觉疼痛。

学习垫球技术真正的难点在于找球，用正确的垫球部位找到球。大家在学习时要有耐心，放松脚步，主动判断和找球，作球的主人，大胆去击球，不害怕球，不害怕击球失误，就能垫好球。

二、动作方法及要领

(一) 正面双手垫球

正面双手垫球是最基本的垫球方法。在能够移动到位的情况下都应采用正面双手垫球（图 2－12）。

（1）　　　　　　　　　　（2）

图 2－12　正面双手垫球

1. 动作方法

（1）准备姿势

采用半蹲准备姿势。

（2）移动找球

正面双手垫球时通常采用滑步、跨步、跑步等移动步法。

（3）垫球手型

两手掌根靠拢，两手手指重叠合掌互握，两拇指平行，手腕稍下压，两前臂外翻形成一个平面（图 2－13）。

（4）击球部位

手臂的触球部位在腕关节以上 10 厘米左右小臂内侧平面（图 2－14）。击球的部位在球的后中、下部。

（5）击球点

正面双手垫球时，球接触手臂瞬间的点应在腹前，距离身体一臂远处（图 2－15）。

（6）击球动作

移动到球下，主动迎球，两臂前伸，插到球下，含胸，压腕，双脚蹬地，重心跟随，用全身的协调动作迎击来球。

（7）手臂角度

希望垫出弧度平的球，则手臂与身体夹角小些，希望垫出弧度高的球，则夹角大些；垫球距网近时，则夹角大些；垫球距网远时，则夹角小些（图2－16）。

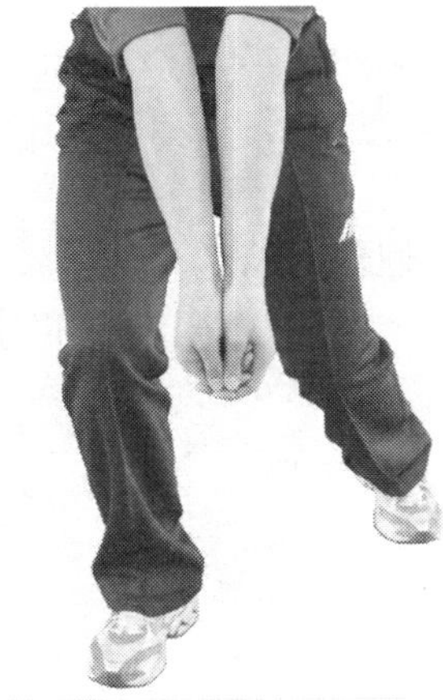
图2－13　垫球手形

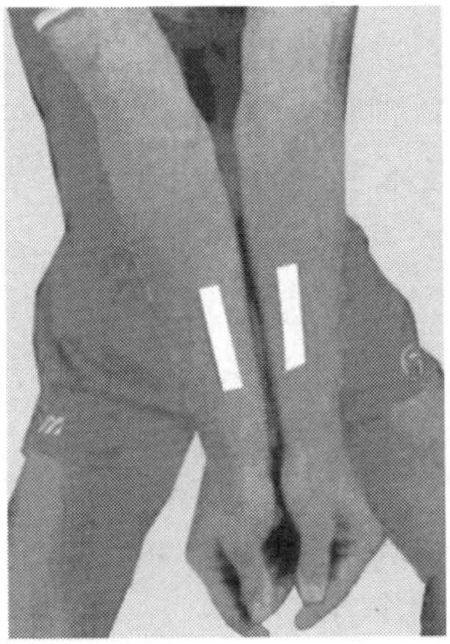
图2－14　手臂触球部位

图2－15　击球点

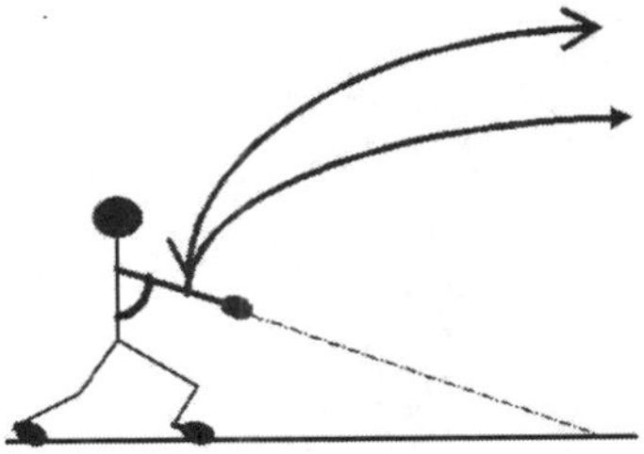
图2－16

（8）用力

垫球用力的大小与来球的力量成反比，与击球目标的距离成正比。

2. 正面双手垫球技术要点

（1）准备姿势：两脚放松，主动找球，大胆尝试运用技术。

（2）判断和移动时两手放在体前或体侧，不要握在一起，以免影响移动速度和选择技术。

（3）找球时要预测球飞行后的落点，而不是盲目迎球向前跑。

（4）垫球的发力主要来自膝关节的屈伸，因此击球前的弯腿动作很重要，不要直腿弯腰。

（二）体侧垫球

球来到身体两侧，球速较快，来不及移动正面垫球时，可采用体侧垫球。

1. 动作方法

（1）准备姿势

同正面双手垫球。

（2）移动找球

需要侧面垫球时，主要运用侧跨步、滑步和交叉步等移动步法。

（3）击球部位

手臂的触球部位同正面垫球。

（4）击球动作

用跨步或交叉步移动后，重心落在垫球侧腿上，双手向垫球侧伸出，且同侧肩高于另侧肩。用转腰收腹动作带动两前臂截击来球，向前垫出（图2－17）。

（1）　　（2）　　（3）

图2－17　体侧垫球（高位、中位、低位）

2. 体侧垫球技术要点

（1）体侧垫球时注意同侧肩抬高，异侧肩要下沉，保证双臂的垫球面朝向垫击的方向。

（2）体侧垫球时主要靠蹬腿和转腰的动作发力，是为了保持垫球平面方向不改变。

（三）背垫球

背垫球用于接应同伴垫飞的球或第3次将球击到对方半场。

1. 动作方法

（1）准备姿势

同正面垫球。

（2）移动找球

背垫球主要以转身跑步作为移动步法。要准确判断、迅速移动到球的落点处，注意边看球边转身边移动。

（3）击球部位

手臂的触球部位同正面垫球。

（4）击球点

高于肩，距离身体一臂远处。

（5）击球动作

移动到球下后，两臂夹紧伸直，插到球下。击球时蹬地、抬头、挺胸、展腹，向后上方垫球（图2－18）。

图2－18　背垫球

2. 背垫球技术要点

（1）手臂要伸直，不能屈肘。

（2）击球点高于肩是技术关键，当来球较低需要背垫时应降低重心，保证击球点高于肩。

（3）转身移动后要清楚人与网的关系，以便控制垫球方向和力量。

（四）单手垫球

当来球较远，来不及双手垫球时，可采用单手垫球。这种垫球动作快，手臂伸得远，可扩大防守范围。但击球面积较小，控制球较难。

1. 动作方法

（1）准备姿势

基本同正面双手垫球。

（2）移动步法

单手垫球时可用各种移动步法接近球。

（3）击球手法

单手垫球比较适宜的手法是五指并拢呈勺形的手掌；也可用半握拳的拳心、半握拳的虎口、手背以及手臂内侧击球。

（4）击球动作

移动后向来球方向跨出一大步，重心向跨出腿倾斜，同侧手臂伸出。用自己习惯的、合适的手法垫击来球的后中、下部（图 2 – 19）。

图 2 –19　单手垫球

2. 单手垫球技术要点

（1）垫球时手腕要适当紧张，以便较好地控制击球方向和力量。

（2）根据来球的距离选择移动步法。

（五）挡　球

挡球是来球在胸部以上，球速较快，不便做垫球动作时采用。有单手和双手之分（图 2 – 20）。

1. 动作方法

（1）准备姿势

采用稍蹲准备姿势。上身直立，两手放胸前。

（2）移动找球

挡球时可能用上后退步，向左、右的跨步等。还可能跳起挡球。但移动距离不会很远。

（3）击球手型

双手挡球可采用并掌式和抱拳式。并掌式为两肘屈，两虎口交叉，两手张开合并成勺型（图 2 – 21）。抱拳式为两肘屈，一手半握拳，另一手外包（图 2 – 22）。单手挡球见图 2 – 23。

（1）　　（2）

图 2－20　挡球

图 2－21　并掌式挡球

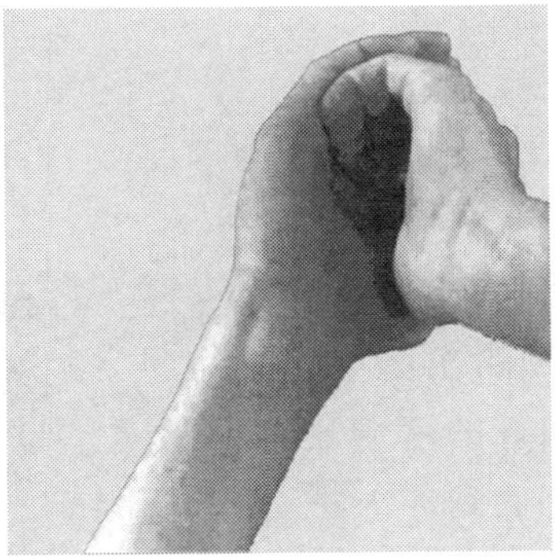

图 2－22　抱拳式挡球

图 2－23　单手挡球

（4）击球部位

以掌外侧和掌根组成的尽可能大的平面，或拳心挡击球的后中下部。

（5）击球点

在额前、头上或两侧肩上。

（6）击球动作

挡球时，小臂放松，两肘朝前，手腕后仰。击球瞬间手腕固定，适度控制用力。

2. 挡球技术要点

（1）肘关节一定要朝前，手腕后仰。

（2）当来球力量大时，需要通过微屈肘的动作缓冲力量。当需要增加球速，作为攻击性击球时，以肘关节为支点，适当向前加力。

（六）侧倒垫球

当来球低时，倒地垫球可以降低重心，便于手臂插到球下。当来球距离身体较远，来不及多步移动时，可用跨步移动接侧倒垫球技术。

1. 动作方法

（1）准备姿势

采用低蹲准备姿势。除膝关节和髋关节角度更小外，加大两脚距离，帮助降低身体重心。

（2）移动找球

主要采用跨步和交叉步接近球。

（3）击球部位

可用双手或单手击球。垫击来球的后中下部。

（4）击球动作

移动跨步后，跨出脚脚尖内扣并成深弓箭步，重心下降并移到跨出腿上。然后跨出腿蹬地，使上体向球的落点处伸展腾出。击球手臂伸出，插到球下将球垫起。手臂不收回，同时身体转动，以大腿外侧、臀部、背部依次着地（图2－24）。

图2－24　侧倒垫球

2. 侧倒垫球技术要点

（1）侧倒垫球时，降低重心，手臂或手插到球下。

（2）根据来球距离选择移动步法，大胆蹬出做动作，否则容易磕碰膝关节和肘关节。

（3）适合于接身体两侧和两侧前方的球。左、右脚均可跨出做侧倒垫球。

（七）前扑垫球

对前方低而远的球，来不及移动接时可以用前扑救球。

1. 动作方法

（1）准备姿势

同样采用低蹲准备姿势，上体前倾，重心偏前。两脚前后距离稍大，便于向前移动。

（2）移动找球

主要采用向前跨步移动或原地直接向前蹬出。

（3）击球部位

用正面垫球的手法和击球部位，或单手手背将球垫起，击球的底部。

（4）击球动作

身体从低处水平向前方伸展扑出，同时双臂或单臂插入球下，击球后两手迅速撑地，两肘顺势微屈缓冲，胸腹部着地。

2. 前扑垫球技术要点

（1）降低重心，可以单膝跪地支撑，帮助救起更远的球。

（2）注意击球面和用力朝向场内，往场内击球。

（3）前扑垫球技术更适用于防守前方的球，也可用于防守两侧的球。

（八）鱼跃垫球

当来球低而远时，可用控制范围更大的鱼跃动作去救球。

1. 动作方法

（1）准备姿势

取半蹲准备姿势，上体前倾。

（2）移动找球

向来球方向做一两步助跑，前脚掌用力蹬地，使身体向远处腾空跃出。

（3）击球部位

以双手手臂或单手手背从下向上击球的后下部。

（4）击球动作

手臂向前伸展，击球后，双手在体前着地支撑。两肘缓慢微屈，以缓冲身体下落力量。同时抬头、挺胸、展腹，向后自然屈腿，身体成反弓形，胸、腹、大腿依次着地产生滑行（图 2－25）。

（1）

（2）

（3）

图 2－25　鱼跃垫球

2. 鱼跃垫球技术要点

（1）更适合于防守体前球，也可以不移动原地跃出，防守身体两侧的球时需要转身跃出。

（2）击球后，手臂的支撑应在身体重心运动的方向上。身体与地面的夹角过大容易磕下巴，过小容易使腹部或腿先着地，不利于自我保护。

（九）脚击球

脚击球技术可以救起离身体较远且较低的、用手击球来不及或够不着的来球。常用的脚击球技术有正脚背击球和内脚弓击球两种。脚击球技术可用于击打入网球和离网很近的球，以及跑动去救本方击打后飞得较远的球，还可用倒勾技术将球第 3 次击过网。

但是，脚控制球的能力远不如手，加之手击球时身体重心在前，脚击球时身体重心在后，两者正好相反。因此，在一般情况下，尽量用手击球并做好用手击球的准备姿势。把脚击球技术作为防守困难球时的一种补充。

三、比赛时垫球个人战术

垫球技术主要用于防守，良好的防守是组织有效进攻的基础和保证。

（一）根据一攻战术节奏的需要，改变接发球垫球的速度和弧度。

（二）根据一攻战术组成的需要，改变接发球垫球的落点。

（三）偷袭对方，接发球时直接将球垫入对方空当，或垫到未及时进场地的发球人位置等。

（四）接发球将球垫高，给本方前排二传直接进攻的机会。

（五）合理选择防守位置：根据对方二传球离网的距离选择前后取位，二传球远网时偏后取位、近网时偏前取位。根据对方扣球队员的助跑路线和起跳后人与球的关系选择左右取位。根据对方扣球队员的特点取位。本方有拦网时，避开拦网，向着能看见球的地方取位。判断对方用吊球技术时，迅速跟进防守。

（六）防守起球的目标首先是有合适的高度，然后是尽可能垫到二传的位置。

四、教学顺序、步骤及主要练习方法

（一）教学顺序

首先学习正面双手垫一般球技术，这是比赛中最常用的技术，也是最易控制球的技术。解决好垫球手型、手臂触球部位、击球点、用力等技术环节，建立正确的动作概念，防止错误动作的出现。移动垫球教学应早些进行，主要是一两步的移动。先进行向前移动垫球教学，再向左右移动垫球教学。

然后学习变方向垫球（左来球向右垫，右来球向左垫），为过渡到技术间的串联（发——接、垫——传）打基础。

基本掌握变方向垫球的技术后，即可进行接发球垫球的教学。接发球垫球与一般垫球的主要区别是来球距离远，给判断增加了困难，同时对垫球质量的要求比较高，要求垫球到位。

侧面垫球技术接近正面垫球技术，比赛中经常会用到。背垫技术在比赛中也会用到。它与正面垫球技术区别很大，需要进行专门练习，重点是找好击球点，明确自己与场地和球网的关系。这两项技术都可以早些进行教学。

最后进行接扣球垫球的教学，包括跨步垫球、缓冲垫球等技术。还可介绍一些其他垫球技术，如单手垫球，单、双手垫球，倒地垫球等。

（二）教学步骤

1. 示　范

教师先以规范的完整动作进行示范，然后分解示范手臂动作，包括手型、以肩为轴动作、压腕、手臂触球部位等。身体动作包括蹬腿、跟腰、提肩等。

侧面示范让学生观察全身动作，包括垫球的身体姿势、各关节角度，重点是手臂同上体的角度，以及击球点、蹬腿跟腰动作等。正面示范让学生观察脚的位置，手型、手臂垫击部位等。

2. 讲　解

垫球技术在比赛中的作用；反射角原理在调整手臂反弹面时的应用；垫球技术动作多样，方位多变的特点等。结合示范，重点讲解垫球动作方法：垫球前的准备姿势、手臂动作、击球点、触球部位、垫球时全身协调用力及手臂用力的配合方法。

3. 组织练习过程

先进行徒手练习，然后垫固定球→垫同伴抛球→对垫球→结合其他技术练习垫球→在比赛中运用垫球技术。

4. 纠正错误动作

（三）主要练习方法

1. 徒手模仿练习

按照正确的动作进行练习，对照镜子练习，或同伴一起练习，相互纠正。体会全身的协调发力动作。

2. 垫固定球

2 人 1 组，1 人双手持球固定于腹前，另 1 人从准备姿势开始，做垫球模仿动作，用正确的手臂部位触球。体会屈伸膝关节的发力动作，一定次数后交换。

3. 自垫球

（1）1 人 1 球练习，可以几人轮流练习。注意下肢发力动作，稳定手臂击球部位。

（2）先固定垫球高度，然后垫 1 个高球 1 个低球，体会垫球的腿部发力。还可以行进间自垫球，学习控制球。

4. 垫抛球

（1）2 人 1 组，相距 3 米，1 人抛 1 人原地垫球，一定次数后轮换。

（2）2 人保持 3 米距离，抛球人后退抛，垫球人向前移动垫球，从一侧边线到另一侧边线，然后再返回。

注意：要根据球的落点决定往前移动的距离。提高移动找球、主动迎球的能力。

（3）1 人定位向另 1 人两侧或前后抛球，另 1 人移动后垫球，用正面垫球技术。2 人距离逐步增加至 4 ~6 米，增加移动找球的难度，熟练运用移动步法。

5. 2 人连续垫球

（1）2 人连续对垫球，距离在 4 米左右。不断提高连续的次数，以增加练习的难度：10 次、20 次、30 次、50 次、100 次。

（2）1 人定点向另 1 人前后左右垫球，另 1 人移动垫球。注意移动后要面对同伴，定点垫球的人注意面对垫击方向击球或用好侧面垫球技术。

6. 对墙垫球

（1）1 人 1 球，对墙练习；或几人轮换练习。距墙 2 米左右，垫球高度 2 米左右。不断增加连续垫球的次数，以增加练习的难度。

（2）自垫后对墙垫。学会调整手臂角度。

（3）垫反弹球。2 人 1 组，1 人面对墙，准备垫墙上反弹球，另 1 人在其身后将球抛到墙上（图 2 –26）。

注意：该练习有提高反应速度和合理运用垫球技术的作用。需要增加练习难度，可以改变抛球的速度和墙上的落点。

图 2 –26　垫墙上反弹球

7. 结合场地垫球

（1）3 ~5 人 1 组，1 人在网前抛球，其他人在距网 5 米左右处轮流垫球。垫出的球能让抛球人在头上接住。抛球一定次数后换人抛球。

（2）逐步增加练习的难度

①每人垫2次球，1次原地垫，1次往前移动垫。根据离网的远近调整手臂角度。

②每人垫2次球，1次向左移动垫球，1次向右移动垫球。将球垫向抛球人，移动后面对抛球人。

③1人在对场3米线附近抛球，练习者在中后场轮流垫球。垫出的球高于球网且距网1米左右。1人在网前接住球并评价球的到位情况（图2－27）。

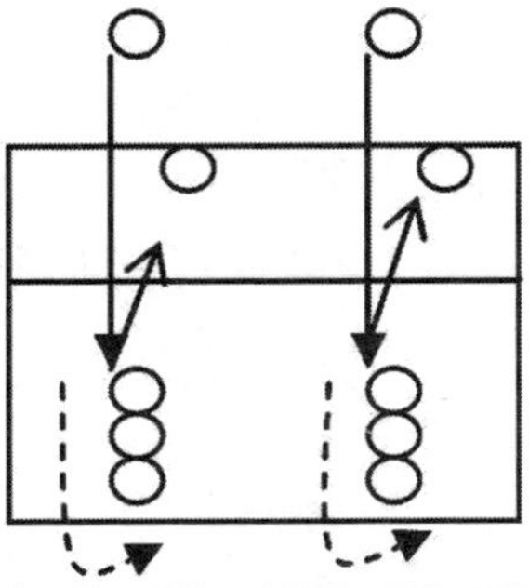
图2－27　垫隔网抛球

注意：排球比赛中到位的意识很重要，每一次击球都讲究到位，而不是找人。人是运动的，位置是固定的。只要大家都按既定的位置击球，就能很好地串联与配合。

8. 变方向垫球

（1）3人1组，站成等边三角形，顺时针或逆时针方向轮流抛、垫球。

（2）同上，顺时针或逆时针方向连续垫球。

（3）4～5人1组，1球，围成圈，连续垫球。

注意：多人练习时要明确击球目标；击球高度合适，便于同伴移动接应；主动接应同伴不到位的球；来球在两人之间时要加强呼应。

9. 单手垫球

1人1球自垫球练习。击球时，球离手0.5～1米，左右手交替练习。练习的手法可分为：前臂垫球、手背垫球、拳心垫球、掌根挡球、拳面顶球等。

10. 接发球垫球

（1）2人1组，不隔网，在两边线处相距9米左右，1人下手发球，1人接发球垫到中场。一定次数后交换练习。

（2）3～5人1组，1人在网前发球，其他人在端线外轮流接发球，将球垫到中场。中场有1人接住球后抛给发球人，垫球后到中场接球。每人发8次球后交换。

（3）3～5人1组，1人在对方中场发球，其他人在本场轮流接发球。1人在本场3号位网前接住球，再抛给发球人。发球一定次数后交换。

注意：在左半场接发球时，左脚稍在前；在右半场接发球时，右脚稍在前。网前3号位的同学尽可能接住球，这样可以培养判断移动的能力。

11. 背垫球

（1）2人1组，并肩站在边线处，面向场内。1人向中场抛球，另1人判断抛球后，迅速移动将球背垫回来（图2－28上部分）。注意掌握好抛球距离和速度。

（2）2 人 1 组，1 人抛球，1 人面对抛球人，待球抛出后，边看球边转身把球垫回（图 2－28 下部分）。

（3）3～5 人 1 组，1 人在网前抛球，其他人轮流练习。面对球网，待球抛出后，转身找球并将球垫到网前或垫过网。

注意：练习人站在 3 米线附近，抛球距离和高度要合适，保证练习人能够完成动作。为了提高同伴的找球能力，可以抛到场地的不同位置。练习人想象第 2 次垫球到网前进攻的位置，或第 3 次击球垫过网。

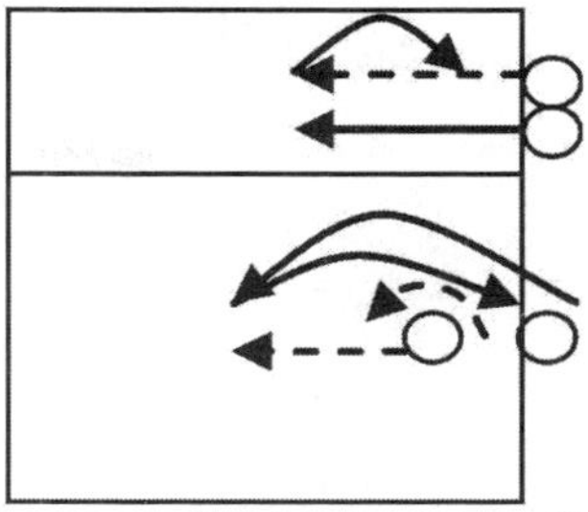

图 2－28　背垫球

12. 接扣球垫球

（1）2 人 1 组，1 人头上持球向下加速抛球，一人将球垫起。交替练习。

（2）2 人 1 组，1 人扣球，1 人缓冲抱住球。交替练习。

（3）2 人 1 组，1 人扣球，1 人垫球。交替练习。

注意：扣球应有一定的准确性，扣球力量中等，逐步增加扣球力量。

13. 挡球练习

（1） 自挡练习。1 人 1 球，双手挡球，单手挡球。

（2）2 人 1 组，相距 4～5 米，1 人抛高平球，另 1 人做挡球练习。

（3） 同上，1 人平扣球，1 人挡球。

五、常见问题及其诊断

表 2－3　常见问题及其诊断

现象		诊　断
正面双手垫球	1. 球总垫在一个胳膊上	1. 两手相握太紧张，使手臂不易缓冲来球与球吻合；或两臂没有形成一个平面；或手臂没有伸直。
	2. 没法控制垫球力量	2. 触球部位不正确，用手腕垫球，球会飞得很远，垫在靠近肘关节时，球垫不出去；或垫球时屈肘，缓冲了来球的速度；或全身发力不协调。
	3. 垫出的球弧度很平	3. 直腿、弯腰造成手臂和身体的夹角过小；或盲目前迎，造成球离身体太近，无法将手臂伸出垫球。
	4. 垫球弧度高，不前行	4. 手臂与身体夹角大；或向上撩手臂。
	5. 无法正确用前臂垫球	5. 判断或移动存在问题。

现象		诊　断
体侧垫球	1. 无法截击球，改变球的飞行方向 2. 控制不好垫球方向	1. 两肩位置调整不够，或两臂水平摆动，切球的底部，没有截击球。 2. 腿和腰腹的蹬转动作不够或过大。
背垫球	1. 转身后找不到球 2. 垫球边线出界 3. 垫球对方端线出界	1. 没有边看球边转身。 2. 转身后不清楚自己与球网、场地的关系。 3. 力量过大。背垫能用上腰背的力量，比较容易发力。

第五节　传球技术

一、技术特点及分类

传球技术也是排球比赛的基本技术之一，是用手指、手腕完成的击球技术。其特点是准确、柔和、善于变化，是组织进攻的重要技术。初学时的比赛可以不需要传球技术，但随着比赛水平提高及组织进攻的需要，就必须掌握传球技术。

传球技术的分类见图 2－29。

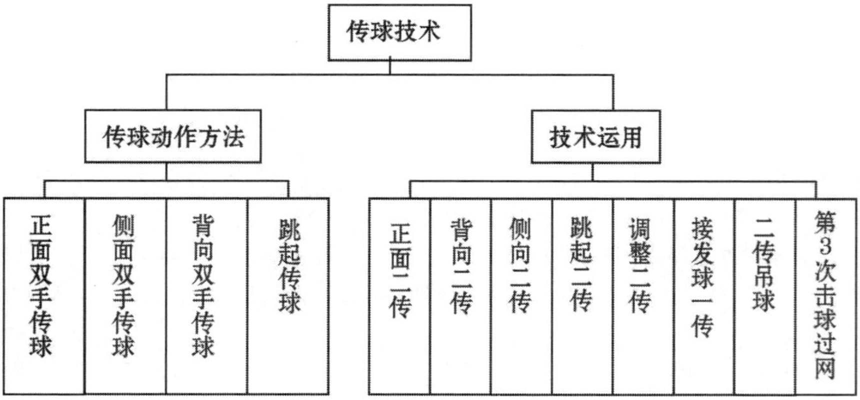

图 2－29　传球技术的分类图

最常用和最基本的传球技术是正面双手传球，也是需要重点掌握的传球技术。其学习的重点是传球的手型、击球点和手指手腕的发力。学习的难点是找球和全身协调发力。

传球技术主要用于网前的二传和调整传球。掌握正面双手传球技术后，就要不断尝试在组织进攻中运用。

二、动作方法及要领

（一）正面双手传球

1. 动作方法

（1）准备姿势

采用稍蹲准备姿势，便于随时移动，上身稍前倾，双手自然放松置于胸前。

（2）移动找球

传球主要用跑步移动找球，步法灵活。

（3）击球手型和部位

当手触球时，两手自然张开成半球型吻合球，手腕稍后仰，两拇指相对成“一字”或“八字”，拇指指向自己的额头。用拇指内侧，食指全部，中指的第一、二指节，无名指和小指的第一指节触球的后中、下部（图2－30）。两肘自然分开。

图2－30　传球手型

（4）击球点

在额前上方约一球距离处（图2－31）。

（5）击球动作

当球来到额前时，主动迎球，用蹬地、伸膝、伸臂和手指、手腕的协调用力将球传出（图2－32）。

2. 正面双手传球技术要点

（1）传球的击球点在额的前上方，适应球的范围比垫球小得多，因此对移动能力的要求更高。加强预判和移动能力的培养，避免出现搬球等持球现象。

（2）正面传球要根据来球的速度、弧度、力量而适当地控制伸臂和手指、手腕的紧张程度，以加强或缓冲出球速度，控制好传球的弧线和距离。

图 2 -31　击球点

图 2 -32　击球动作

（3）传球主要用于组织进攻，因此传球一定要有足够高度，以满足扣球的助跑起跳和空中击球，养成高弧度传球的习惯。

（二）网前一般二传

由于接发球和防守的球大多来自后场，二传手要改变来球的方向，才能使球与球网平行飞行便于扣球。网前一般二传主要运用的是正面双手传球技术。但需要将球让至传球人和传球落点的连线上。传球时身体尽量朝向传出球方向（图 2 -33）。

网前一般二传技术如下。

1. 判断移动对二传手非常重要。

2. 根据来球和需要传球的位置，随时改变身体朝向，面对传球方向，同时合理调整传球的力量和弧度。

（三）调整传球

调整传球也是正面双手传球技术的运用。当来球远离球网时，需要组织进攻就形成调整传球（图 2 -34）。调整传球时要合理选择传球方向，一般情况下，传球路线与网的夹角越小，越便于扣球队员找球。

图 2－33　网前二传

图 2－34　调整传球

调整传球技术要点如下。

1. 一般调整传球时离进攻点比较远，传球时注意全身协调发力，充分蹬腿和伸臂。

2. 在跑动接应不到位的球进行调整传球时，关键是找好击球点，并保持上体稳定及手型正确。

3. 传球高度要合适，给扣球队员以足够的助跑时间。

(四) 背传球

1. 动作方法

(1) 准备姿势

采用稍蹲准备姿势，上身直立。

(2) 移动找球

主要运用跑步找球。

(3) 传球手型

手腕比正面传球更后仰。

(4) 击球点

在头上方，比正面传球稍偏后。

(5) 击球部位

击球的下部，拇指多发力。

(6) 击球动作

移动插到球下后，抬头、挺胸、展腹，向后上方发力传球（图2－35）。

2. 背传球技术要点

(1) 击球点非常重要，不同的击球点会影响传球的弧度和距离。

(2) 用正确的传球手型触球，根据传球的距离调整手腕的后仰程度。

(3) 网前背传时，注意转变方向后，清楚人与球网和场地边线的关系。

图2－35　背传球

（五）跳起传球

1. 动作方法

(1) 准备姿势

采用稍蹲准备姿势。

(2) 移动找球

多用一两步助跑后踏跳起。

(3) 击球点

跳起身体在空中最高点时击球。传近距离球时，可在额前上方或头上击球。传远距离球时，需要降低击球点，增加手臂伸展幅度。

(4) 击球动作

空中动作可以运用正面传球或背传球技术，击球点稍低，空中主要用伸臂的力量（图2－36）。

(5) 落地

双脚落地缓冲，准备下一个动作。

2. 跳起传球技术要点

(1) 选择正确的起跳时间。

(2) 远距离传球时增加手臂伸展幅度。

图2－36　跳传球

三、比赛时传球个人战术

传球技术主要是二传队员运用，或是在第 3 次击球时运用。比赛中传球个人战术包括如下几点。

（一）合理选择进攻点。

（二）二传隐蔽传球动作，掩护攻手。例如：做背传假动作，突然往前传；一个传球动作传出不同方向、不同高度或不同节奏的战术球等。

（三）二次传入对方空当。

（四）跳起传球过网，增加攻击性。

四、教学顺序、步骤及主要练习方法

（一）教学顺序

1. 学习原地正面双手传球

作为重点技术进行学习。初学时不要急于求成，掌握正确的动作非常重要。解决击球点、手型、用力问题，建立正确的动作定型。并专门学习移动传球。解决好移动后对准来球和停稳后将球传出的问题，提高中、长距离（5 米左右）传球的能力，比赛时很实用。

2. 学习变方向传球

注意移动迎球，把握面向出球方向的动作。

3. 在此基础上学习网前二传技术

重点学习正面的二传技术，包括向 2 号位和向 4 号位变方向的传球。二传的练习要结合网，通过传球效果反馈调整自己的动作。

4. 在学习了背传球技术后，可结合球网学习向 4 号位正传和向 2 号位背传

调整传球在初级比赛中经常需要，因此在学习二传技术时可以结合学习调整传球技术，学会处理好人、球、网的位置关系，控制好传球的弧度、距离。

作为学校排球的教学，在完成以上教学内容后还可以介绍跳起传球或单手传球技术，作为网上处理球技术加以运用。

（二）教学步骤

1. 示　范

无论是学习正面双手传球、变方向传球或是网前二传技术，还是背传球技术都要先进行完整动作示范。

（1）分解示范：传球手型，手型的示范动作要慢；击球点；传球时伸臂和手指手腕的动作；传远球时下肢伸展的协调配合动作；如何迎球（尤其是在进行二传技术示范时）；如何移动找球；如何转向传球方向等。

（2）示范位置：一般正面传球和背传球可以在两排队员的中间示范，也可在两排队员前面示范。网前二传技术的示范应该在网前进行。

（3）侧面示范：观察传球的基本身体姿势，传球时的击球点，手腕的缓冲动作，身体各部位的伸展动作和用力的方法；球飞行弧度、落点等。

（4）正面示范：观察传球时肘关节及手臂的位置，击球时的手型，手指的触球部位等。

（5）背面示范：观察传球手型、手与球的吻合、击球点等。

2. 讲　解

各种传球技术在比赛中的作用；传球动作的分类和技术特点；各项传球技术动作的主要环节：迎球、手型、击球点、用力（伸臂和手指、手腕的弹力；传远球需蹬腿等身体动作的协调配合），二传球的飞行方向、弧度、落点等。讲解技术规格要领时应简明扼要，合乎动作结构，按手型、击球点、用力这一顺序逐一阐述清楚。

3. 组织练习过程

徒手练习，传固定球，自抛传球，传同伴抛来的球，移动传抛球，2 人对传球，结合球网练习，结合其他技术练习，结合比赛练习。

4. 纠正错误动作

（三）主要练习方法

1. 徒手模仿练习

模仿正确动作练习，学生 2 人 1 组相互观摩、比较、纠正。

2. 传固定球

（1）2 人 1 组，1 人持球，高度合适，1 人练习传球。

（2）1 人 1 球，贴近墙传球，用正确的击球点和手型练习。

3. 移动找球

（1）2 人 1 组，1 人抛球，1 人用前额顶球；或 1 人抛球，1 人用传球手型接住球。

（2）1 人 1 球，向前抛球，然后向前移动并插到反弹球下面，用传球手型接住球。

4. 自抛传球

（1）2 人 1 组，自抛球然后传球给同伴，同伴进行同样的练习。距离由近到远：3 米距离时，重点解决手指、手腕发力；4 米距离时，重点解决伸臂发力；5～6 米时，重点解决腿部发力和全身协调发力。

（2）1 人 1 球，自抛后对墙传球，距离由近到远。

（3）1 人 1 球，网前自抛后传球，要求传球高于球网且与网平行。

（4）1 人 1 球，自抛后对篮筐传球，或对墙上的标志点传球。

注意：对篮筐传球时，球打篮板后进篮筐并不是好球，相当于球传出了标志杆，碰篮筐的球均为到位球。

5. 传抛球

（1）2 人 1 组，1 人抛球，1 人原地传球。

（2）2 人 1 组，1 人抛球，1 人前、后、左、右移动传球。移动后插到球下，面对抛球人传球。

6. 自传球

（1）原地自传球，传球离手 50 厘米或离手 1 米，或一高一低自传球，体会不同的发力。

（2）行进间自传球，从端线行进到中线，或从一边线到另一边线，尽量不让球落地。传球离手 50 厘米。

（3）连续跳起自传球，传球高度由低到高，20 厘米～1 米。

（4）自传球过程中看同伴给出的手势报数。训练眼睛大胆离开球再迅速找球的能力，培养环视意识。

7. 2 人对传球

（1）2 人 1 球，相距 3～4 米。由不计数到计数再到增加连续次数。

（2）1 人原地传球，1 人移动传球。

（3）自传一次再传给同伴，2 人连续进行。

（4）向自己的左侧或右侧自传球后，再移动传球给同伴。

（5）跳起对传球，距离 2～3 米，连续跳传；或 1 人原地传球，1 人跳起传球。

8. 移动传球

（1）左右移动传球。3 人 1 组，2 人相距 3 米左右，直线抛球，抛球高度足够移动；1 人左右移动传 2 人的抛球。一定次数后交换练习（图 2－37）。

（2）直线跑动传球。3～5 人 1 组，用 1 球，直线跑动对传球（图 2－38），人随传出球跑动，同时逆时针或顺时针跑动。传球高度足够同伴移动。

（3）隔网跑动对传球。2 人 1 组或 4 ~6 人 1 组。在球网两侧 3 米线内对传球，传球后排到队尾。

注意：加强配合，跑动中避免干扰。为了增加传球的协调用力能力和传球的准确性，可以规定在 3 米线外对传球。

（4）行进间对传球。2 人 1 组，用 1 球。两人分别站在 1、5 号位，从端线处对传行进至网前。练习 3 ~5 次，2 人交换位置。

（5）移动调整传球。3 ~5 人 1 组，1 人在网前 3 号位向 1、5 号位抛球，其他人在 6 号位轮流移动后传球至 2、4 号位（图 2 –39）。

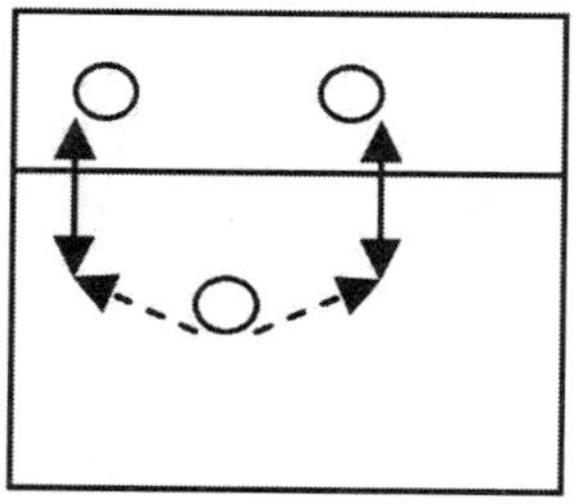

图 2 –37　左右移动传球

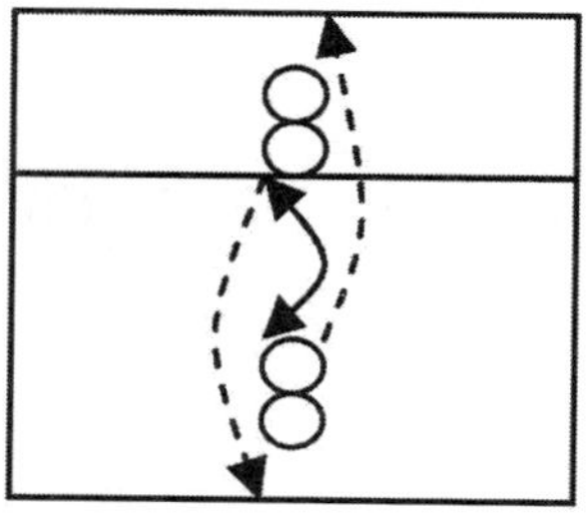

图 2 –38　直线跑动传球

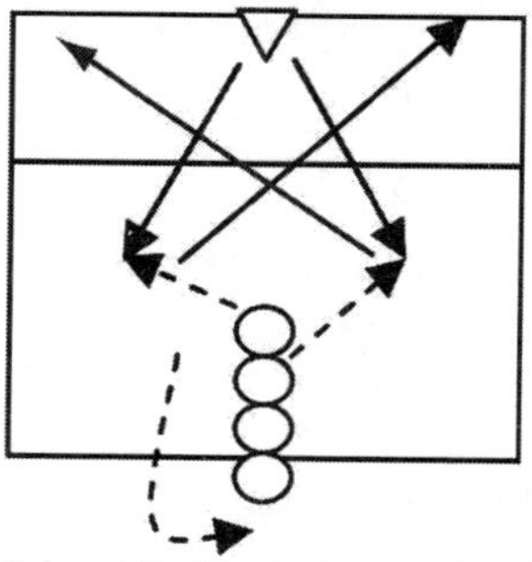

图 2 –39　调整传球

9. 变方向传球

（1）三角传球。3 人站成等边三角形，先做抛、传球练习，然后连续传球，最后过渡到网前三角传球，结合球网进行练习。要求面对击球方向传球，传球高度合适。

（2）网前正面二传。3 ~5 人 1 组，1 人在中场抛球，其他人在网前 3 号位轮流传球。8 ~10 次后换 1 人抛球。先练习传向 4 号位，再练习传向 2 号位。

注意：移动在二传中非常重要，要有意识进行练习。开始练习时可以抛球到位，逐步过渡到抛在二传人的前后左右，令其移动后传球。既练习移动找球，又练习移动后站稳传球。

（3）网前跳起传球。3 ~5 人 1 组。1 人在 3 号位网前抛球，其他人在 4 号位或 2 号位跳起传球过网。传到对方后场角上，或网前角上，或想象的对方空当处。

10. 背传球

（1）背传抛来的球。3 人 1 组，传球人在中间，两边人抛球、接球，中间人背传球后转身再传另一同伴抛球。轮流练习。

（2）连续正传、背传。3 人 1 组，同上队形，1 人短传，1 人背传，1 人长传（图 2－40）。

（3）网前正、背传球。3～5 人 1 组，1 人在中场抛球，其他人在网前 3 号位轮流传球。自己选择正传到 4 号位，或背传到 2 号位。

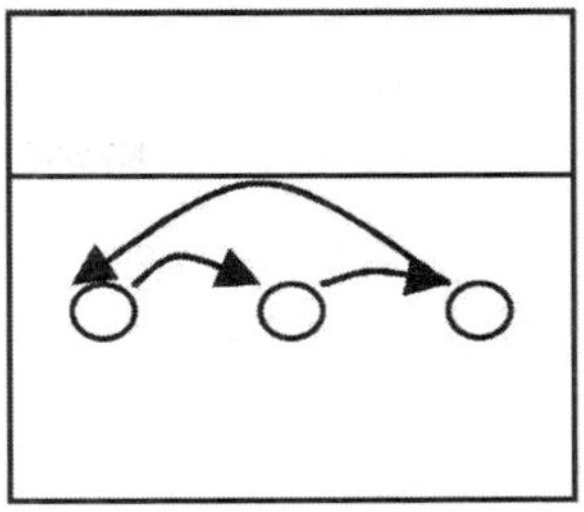

图 2－40　正传、背传、长传

五、常见问题及其诊断（表 2－4）

表 2－4　常见问题及其诊断

现象		诊　断
正面双手传球	1. 挫伤大拇指	1. 传球手型错误，大拇指朝前。
	2. 传球弧度低	2. 击球点低；或移动不到位而没有插到球下；或手腕下压过度；或击球点靠后造成了向前拍球。
	3. 传球“持球”	3. 手指、手腕紧张度不够；或对持球的概念不清。
	4. 传球不够高和远	4. 全身协调发力不好，尤其是下肢发力不够；或各关节发力不同时；或传球时臀部后坐。
	5. 传出的球下旋且不往前行	5. 食指没有全部触球，而出现了“拨球”的错误；或击球点偏高、偏后。
	6. 传球不准	6. 十指没有完全包住球；或双手用力不均匀；或移动不到位使击球点偏左或偏右。
网前二传	1. 传球过网	1. 身体转方向过大；或来球速度快时，近网侧手的发力不够。
	2. 传球远网	2. 身体转方向不够，没有正对传球方向。
	3. 传球距离不到	3. 全身协调发力不佳。
背传球	1. 传球不远	1. 击球点偏前。
	2. 传球向后、向下“溜”	2. 击球点偏后；或手指没有完全包住球，食指触球偏少。
	3. 传球偏离进攻点	3. 人和网的位置关系不佳，背部朝向没有正对击球方向。

第六节　扣球技术

一、技术特点及分类

扣球技术是排球比赛中最常用和最有利的得分手段，也是大家最愿意欣赏和学习的技术之一。但扣球技术在排球各项技术中相对比较复杂，需要一定的身体素质作保证。正面扣球技术是所有扣球技术的基础，其他各种扣球实际上是正面扣球技术的运用。

扣球技术学习的重点是熟练的助跑起跳和正确的挥臂鞭打动作。

扣球技术学习的难点是找好扣球的起跳时机和起跳点，以及上旋球手法。以下扣球技术的分析全部以右手扣球为例。

二、动作方法及要领

（一）正面扣球

完整的扣球技术动作见图 2－41。

图 2－41　完整扣球技术动作图

1. 动作方法

（1）准备姿势

采用稍蹲准备姿势，两臂自然下垂，站在距网 3 米左右的位置观察来球，作好向各个方向助跑起跳的准备。

（2）助跑起跳

左脚放松自然地向起跳方向迈出第一步，紧接着右脚跨出一大步，支撑点落在身体重心之前，并以脚跟先着地，过渡到全脚掌着地，两臂从体侧摆至体后。同时左脚及时踏在右脚的前方，脚尖稍向内扣，身体重心下降，两膝微屈，上体前倾。双脚蹬地时，双臂由体后协调、积极地向上摆动，使身体向上跳起。

助跑起跳的其他作用：跳起传球到对方，增加攻击性；跳起处理球，增加隐蔽性。

（3）空中击球

跳起后挺胸展腹，上体稍向右转，右臂向后上方屈臂抬起，右手自然张开置右耳边，身体稍右转并成反弓形。挥臂时，以迅速转体、收腹动作发力，依次带动肩、肘、腕各关节成鞭打动作向前上方弧形挥动，在右肩前上方最高点击球。

（4）击球手型

击球时，五指自然张开呈勺形，并保持适度紧张，以全手掌包满球，击球的后中、下部，同时主动用力屈腕向前推压，使扣出的球呈上旋飞行（同上手发球的旋转）。

挥臂鞭打扣球动作的其他作用：原地挥臂扣球是有效的进攻手段，可以用于任何位置原地扣球到对方场地。

（5）落地

击球后，双脚同时落地，以前脚掌先着地，同时屈膝、收腹，缓冲下落力量，保持身体平衡，并准备下一动作。

2. 正面扣球技术要点

（1）扣球助跑的节奏由慢到快，是为了获得更快的水平速度。助跑步法第 1 步小，第 2 步大，最后 1 步支撑落在重心前，脚后跟先着地，都是为了制动，把助跑的水平速度转变为垂直速度。起跳时左脚在前是为了便于右手的引臂和挥臂击球。起跳时双臂积极摆动，既为了增加起跳高度，又为了更好地衔接空中挥臂动作。

（2）熟练掌握助跑起跳的步法，可以提高适应球能力。

（3）挥臂时注意发力顺序，才能形成鞭打动作。腰、腹先发力，肩、肘、腕放松，依次获得动量。空中腰、腹部的制动对形成快速的鞭打动作同样很重要。

（二）扣球技术的变化

1. 动作方法

（1）4 号位扣球

在 4 号位扣球时，助跑要往边线外绕，整个移动线路呈弧线，这样既便于观察来球，尤其是从中后场调整传来的球，又接近于迎着球扣，能始终把来球保持在右肩的前上方。起跳时身体斜对球网，将球扣向场地对角线位置，更易扣好球，不易出界。

（2）2 号位扣球

在 2 号位扣球，由于二传球是从左侧来，把球保持在右肩前上方是关键。因此助跑起跳宜采用直线助跑。起跳时身体面对球网，空中依然做出身体稍右转动作，可以增加扣球的力量和线路的变化。

（3）3 号位扣球

在 3 号位扣球，由于离二传队员比较近，因此扣球动作比较小，挥臂以小臂为主，通过增加挥击的速度增加扣球的力量。

（4）近网扣球

来球距离球网 50 厘米以内为近网扣球。来球近网时，起跳点也要近网，做垂直向上的起跳。因害怕碰网而远离球网起跳，将导致前冲起跳，更容易碰网。注意腰腹与肩的制动，以小臂挥击为主，击球的中上部，主动向上挂肘屈腕。

（5）远网与后排扣球

来球距离球网 2 米以上为远网扣球。远网扣球时，起跳可以适当前冲，增加扣球的力量。身体反弓动作比较大，主要靠腰腹发力带动手臂向前弧线鞭打。击球点在头上方，击球的中下部。手腕主动推压，使球加速上旋。

在 3 米线以后起跳扣球就是后排扣球，后排扣球也是远网扣球，扣球落地时可以进入 3 米线内。目前弹跳能力强的男子排球运动员 3 米线外起跳后能飞行到距网 1 米左右扣球。

（6）单脚起跳扣球

单脚起跳扣球的特点是起跳快，空中飞行距离远。

①助跑起跳：右脚跨出一步，左脚紧跟着跨出一大步，同时双臂后摆。踏跳时，左脚蹬伸，双臂向前上方摆动，右腿也随之屈膝上摆。单脚起跳扣球适合于与网夹角较小的助跑路线。

②空中击球：基本同正面扣球动作。注意腰腹控制好身体重心。

③落地：尽可能双脚落地。

单脚起跳背飞是我国女排拿手的杀手锏。可以在二传身后扣球，也可以飞到 2 号位标志杆附近扣球。一个起跳动作，不同的进攻点，使对方拦网非常难以判断。

（7）吊球

助跑起跳和空中的挥臂动作与正面扣球均相同。

当挥臂到最高点时，突然减速，用单手手指击球的中下部，吊入对方的空当。击球时，五指伸开稍收拢，自上而下屈腕用力（图2－42）。

图2－42　吊球

2. 吊球技术运用要点

主动运用吊球技术，以扣球技术作掩护，观察好对方的空当进行吊球。被迫吊球时可吊入对方场地的前角、场地中心或两个底角。往底角吊球时，先屈肘，然后利用伸臂的力量击出长距离球。

（三）扣球技术的运用

1. 扣平快球

（1）动作方法

①扣近体快球

a. 前快球：二传体前扣球，随一传球开始助跑，二传出手时起跳，空中用近网扣球手法（图2－43）。

b. 背快球：在二传身后扣球，上步时机和起跳时机同前快球，用近网扣球手法。从3号位助跑时，在二传身边起跳。从2号位助跑时，贴近二传起跳（图2－44）。

图2－43　前快球

图2－44　背快球

②扣低平球

a. 短平快球：在二传身前 2 ~3 米处起跳扣球，用近网扣球手法。随一传球上步，二传出手时起跳，起跳时身体右转，面对二传，截住二传球，快速挥臂击球（图 2 –45）。

图 2 –45　短平快扣球

b. 背平快球：在二传身后 2 ~3 米处起跳扣球，用 2 号位近网扣球手法。上步时机和起跳时机同短平快扣球（图 2 –46）。

c. 平拉开球：在 4 号位扣低平球。二传出手时开始助跑上步，迅速起跳扣球。用近网扣球的手法完成扣球。

（2）扣平快球技术要点

①在一个地点开始助跑扣不同的平快球（平拉开除外），可以增加扣球的隐蔽性。

②扣平快球与二传队员的配合主要在节奏上合拍。

③当接发球偏向 2 号位或 4 号位时，扣平快球的起跳点与二传保持固定距离更易配合。

2. 扣调整球

当一传和防守起球不到网前时，主攻手往往需要扣调整球。扣调整球的关键是找到合适的起跳点和起跳时机，然后根据来球是近网还是远网，合理地选择运用近

图 2－46　背平快扣球

网扣球技术或远网扣球技术。

3. 自我掩护扣球

（1）时间差扣球

扣前快球上步，但不起跳，待对方拦网下落时，再跳起扣半高球。亦可佯扣背快球，实扣二传背后半高球。

（2）位置差扣球

佯扣短平快球，实际向右跨步起跳扣前快球；亦可佯扣前快球，实际在二传身边起跳后到二传背后扣背快球。

（3）空间差扣球

在短平快的位置起跳，起跳后身体继续飞行到二传身前扣球。前快球点上起跳，身体向左飞行至3、4 号位之间扣球。单脚起跳背飞扣球也是一种空间差扣球。

三、比赛时扣球个人战术

（一）扣球线路的变化：斜线助跑，扣直线球；直线助跑，扣斜线球；用转体扣球或转腕扣球的技术，改变扣球线路。

（二）打吊结合：变重扣为轻扣、或轻吊，打入对方空当。重扣与轻扣结合。

（三）打拦网手出界：2、4 号位扣球时，打对方拦网人外侧手出界；或平击扣球，从对方拦网人手指上方打手出界。

（四）从拦网手中间通过：看准拦网手缝隙，从拦网人双手中间扣过；或加快扣球下手速度，在对方形成双人拦网前，从2人中间通过拦网。

三、教学顺序、步骤及主要练习方法

（一）教学顺序

由于目前勾手扣球已很少出现和运用，扣球技术主要是正面扣球一种。其他在各个位置的扣球一般是正面扣球技术的运用。由于位置不同，球离网的远近不同，扣球技术上有一定的区别。作为学校排球教学，主要学习一般正面扣球技术，然后重点学习在4号位扣一般高球。根据教学大纲的内容和教学时数的多少再选择进行2号位扣一般球和3号位扣半高球、3号位扣快球。

（二）教学步骤

1. 示　范

由于扣球技术比较复杂，需要采用分解教学的方法，助跑起跳和挥臂动作分别进行教学，然后进行完整教学。

示范以侧面示范为主，使学生看清助跑路线、起跳和空中击球动作。

（1）助跑起跳的示范

先完整示范2～3步的助跑起跳，然后分解示范踏跳步、摆臂动作、助跑等。示范位置可取网前，也可不结合网。示范两脚间距离、位置时可取正面示范。

（2）扣球挥臂动作的示范

先完整示范动作方法，然后分解示范引臂动作、鞭打动作、包满球的手法等。扣球挥臂动作的示范可取教师对墙或挡网扣球，扣球手一侧对学生。完整示范时可用球，分解示范时以徒手为宜。手法示范时还可取背面示范。

（3）完整的空中扣球动作示范

先完整示范助跑起跳扣一般高球，然后分解示范扣球准备姿势、助跑起跳空中击球动作、落地动作。完整示范用球，分解示范可徒手。若没有合适的二传学生配合示范，可进行徒手的完整动作示范。

2. 讲　解

扣球在比赛中的作用；扣球技术动作的运用分类；扣球动作方法，包括助跑起跳方法、挥臂击球动作方法及手法、空中击球动作方法、落地方法等；配合分解示范的讲解还要提醒学生注意观察的部位或动作环节，避免学生眼睛跟随球走，而未观察到动作。

3. 组织练习过程

先进行助跑起跳和挥臂动作的分解练习，然后练习完整的空中扣球动作，最后结合位置扣球。

4. 纠正错误动作

（三）主要练习方法

1. 助跑起跳练习

（1）原地起跳

自我练习，同伴对比纠正。弯腿、弯腰起跳，手臂与下肢蹬地动作协调配合。

（2）踏步起跳

在排球场两边线间来回练习。相互观摩、学习、纠正，踏跳和摆臂配合好。

（3）两步助跑起跳

同上，边线间反复来回练习。熟练助跑步法。

（4）网前助跑起跳

① 球网两边，3 人 1 组，各在 2、3、4 号位。从 3 米线开始上步助跑起跳练习。起跳点距网 1 米左右，注意制动。

② 在两边 4 号位开始，轮流助跑起跳练习。4 号位做一次，后撤到 3 号位附近的 3 米线，往 3 号位做一次助跑起跳，后撤到 2 号位附近的 3 米线，往 2 号位再做一次助跑起跳。

注意：不同位置的助跑起跳方法不完全相同。

（5）变步助跑起跳

3 人 1 组，在 2、3、4 号位 3 米线处，左脚正常上一步后向身体左侧跨步起跳，下撤到 3 米线，上一步后向身体右侧跨步起跳，下撤，再上一步后原地起跳等。掌握不同的助跑起跳方法可以提高找球能力。

2. 挥臂动作练习

（1）徒手挥臂

一次一次练习，同学间相互观摩并纠正。手臂放松，弧形挥臂。也可徒手挥击悬垂的树叶等。

（2）击打固定球

① 2 人 1 组，1 人双手持球，1 人挥臂练习。全手掌包满球。注意持球高度合

适，用正确的动作练习，相互提醒和纠正。

② 1 人 1 球，对墙练习。左手持球于墙上，右手挥击球。

③ 3 ~5 人 1 组，1 人单手举球，其他人轮流扣球。扣球瞬间，举球人撤手，让其将球扣出。距挡网或墙 5 米左右练习。轮流举球。

（3）自抛扣球

① 1 人 1 球，对墙或挡网自抛扣球。距离 4 米左右，扣在墙根处。

② 隔低网自抛扣球，网高 1.8 ~2 米，1 人 1 球，站 3 米线附近，自抛扣球过网。提高击球点，提高挥臂击球速度。

（4）扣抛球

① 2 人 1 组，面对面站立，距离 6 ~7 米，1 人抛球，1 人迎面扣抛球（图 2 –47）。轮流练习。

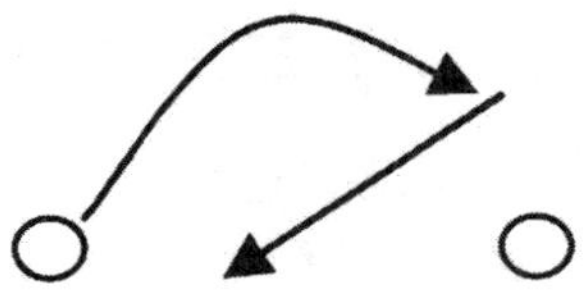

图 2 –47

② 2 人 1 组，或 3 ~5 人 1 组，对墙或挡网扣球。轮流抛球和扣球。

③ 隔低网扣抛球，网高 1.8 ~2 米，距网 1 米左右。3 ~5 人 1 组，1 人抛球，其他人轮流扣球。要求提高击球点，将球扣过网。男生还可以尝试原地扣过更高些的网。

注意：当同伴抛球不到位时，用并步或滑步找球，保持左脚在前，便于右手扣球；原地扣球过网的技术很有实用价值，比赛中经常可以使用。练习时，可以改变不同的网距，提高控制球能力。

（5）甩羽毛球、网球

2 人 1 组，不隔网对甩或隔网对甩。也可以分组练习。可以用破排球皮练习。

3. 空中击球练习

（1）徒手练习

① 不结合网，场地的两边线间来回练习助跑起跳空中挥臂的完整动作。

② 结合球网，面对球网，3 米线处开始助跑，跳起空中完成挥臂动作。轮流练习。

③ 在网前助跑起跳甩球皮或网球过网等。

（2）跳起扣固定球

1 人站凳上举球，其他人轮流扣球。扣球瞬间，举球人撤手，让球扣过网。举球要离网 50 厘米以上。

（3）一步起跳扣抛球

1 人抛球，高出球网 1.5 米左右，其他人在距网 2 米处一步起跳扣球。待球抛起后，找好起跳时机上步扣球。培养踏跳节奏。

（4）助跑起跳接球

1 人抛球，高出球网 3 米左右，其他人轮流助跑起跳接住球。要求在头前，手臂伸直的最高点接住球。培养找球的能力。

（5）助跑起跳扣抛球

练习形式同上。将抛起的球扣过网，抛球尽可能固定高度。

（6）助跑起跳扣传球

在球网两侧练习。教师或传球较好的学生先传球，然后可以大家轮流传球。

注意：当传球不到位时，尽量将球处理过网，减少失误。可以传过网、垫过网、或原地扣过网。既可以锻炼自己处理各种球的能力，又可以鼓励传球的同伴，增强其信心。

（7）自抛后助跑起跳扣球

有球的学生在球网一侧，3 人 1 组轮流练习。没球的学生在球网另一侧捡球并等待练习。学生自己掌握抛球的高度。用力踏跳，空中动作要协调放松。

注意：避免踩到脚下滚动的球而受伤。

4. 专位扣球练习

掌握一般扣球技术的目的是在一个位置上完成进攻。因此要进行专位的扣球练习。根据自己的爱好或根据球队需要的专位选择练习。如 2 号位扣球、4 号位扣球或 3 号位扣球等。练习同伴掩护的战术扣球则需要 2 人 1 组进行配合练习。可以任意选择同伴或根据比赛中的战术配合需要进行分组练习。

五、常见问题及其诊断（表 2－5）

表 2－5　常见问题及其诊断

现象	诊　断
1. 球经常打在手掌根处	1. 挥臂速度慢，下手晚，球已下落。
2. 扣球线路过长	2. 起跳前冲或起跳点偏前，使击球点在头后；或挥臂动作不正确，出现推球动作。
3. 总是扣不上力量	3. 助跑起跳时机偏早，身体重心下落时才扣到球；或挥臂动作僵硬，没有形成加速鞭打动作。
4. 打不出上旋球	4. 挥臂动作不正确，向下拖肘；或没有全手掌包满球；或缺少主动屈腕动作。
5. 扣球肩疼	5. 急于发力；或引臂时抬肘过高；或引臂过猛，造成手臂紧张，尤其是肩部紧张；或轮臂动作过大。
6. 扣球搓手指	6. 起跳过早或挥臂过早，造成球打在手指上。

第七节　拦网技术

一、技术特点及分类

拦网在网上近距离的攻防对抗中首先是一项被动技术，因此拦网技术的运用比较难掌握。对于排球爱好者和我们的学生，进攻水平也将是影响拦网技术学习和掌握的因素之一。

拦网根据参与的人数分为单人拦网、双人拦网和三人拦网。

拦网技术本身不难，难的是对对方进攻的判断，以及集体的配合。

二、动作方法及要领

（一）单人拦网

单人拦网是拦网技术中最基本的动作。

1. 动作方法

（1）准备姿势

面对球网，密切注视对方动向。采用稍蹲准备姿势，两脚平行开立，约同肩宽，两膝微屈，两手自然弯曲置于胸前。离网的距离大约为自己小臂加手的长度。

（2）移动找球

根据对方扣球点的距离，可灵活运用并步、滑步、交叉步等移动步法，快速接近起跳位置。

（3）起跳

移动后，两膝弯屈，重心下降，起跳时两脚迅速用力蹬地，两臂在体侧划小弧用力向体前上方摆动，带动身体垂直向上起跳，起跳后，含胸收腹，以便控制身体平衡和延长腾空时间（图 2－48）。

（4）空中拦击

随着起跳，两手贴近球网向网上沿伸出，两肩尽量上提，两臂尽力伸直并过网接近球，两手张开，增大拦截面积。当对方扣球后，拦网手触球瞬间突然抖腕，将球捂下。当身高和弹跳高度有限时，起跳后尽量提肩，手臂向上伸，手腕稍后仰，以拦到球，降低扣球的速度为目的。跳起空中拦网的手形见图 2－48（2）。

（1）　　　　　　　　（2）

图 2 –48　单人拦网

（5）落地

拦网后自然落下，双脚落地，屈膝缓冲，并迅速准备下一个动作。

2. 单人拦网技术要点

（1）拦网的判断不能只盯着球，要尝试观察对方扣球队员的助跑路线和挥臂动作。更不能闭眼或不看球。

（2）拦网的滞空时间比扣球短，因此拦一般高球时要在对方扣球队员空中引臂时起跳。不要与对方扣球人同时起跳。

（3）拦网的手臂动作是提肩压腕的滚动动作，而不是以肩为轴的下压动作。

（4）拦网时外侧手主动往里包，避免被对方打手出界。

（二）双人拦网

双人拦网是比赛中运用最多的。以单人拦网为基础，关键是 2 人间的配合（图 2 –49）

对方 2、4 号位扣球，本方双人拦网时，两边的队员是主要拦网队员，他们的任务是判断取位，中间的 3 号位队员配合拦网，他的任务是保证两人间不留空当。对方 3 号位扣球时，本方 3 号位队员是主要拦网队员，2 号位或 4 号位队员是配合

（1）　　　　（2）

图 2 –49　双人拦网

队员。

双人拦网时，4 只手要同时出现在网上，并保持在一个平面上。

移动配合拦网的队员注意制动，避免冲撞两边的同伴。

三、比赛时拦网个人战术

（一）在对方扣球击球的瞬间再伸手拦网，不让对方看到拦网手而变线躲手。

（二）有意伸手拦直线，放出斜线区，当对方扣斜线时，改为拦斜线，诱敌深入；或假拦斜线，实际拦直线。

（三）主动向对方场地内包拦，避免打手出界。

四、教学顺序、步骤及主要练习方法

（一）教学顺序

1. 学习单人拦网，掌握单人拦网的全过程，包括移动拦网。

2. 学习双人拦网。学习配合的原则，培养配合的意识，掌握各个位置的配合方法。一般的学校排球教学，能够掌握双人拦网的配合就足够了。

（二）教学步骤

1. 示　范

以完整示范为主，然后分解示范拦网的准备姿势、摆臂起跳方法、空中击球手法、移动步法、落地动作等。

示范位置：在网前进行示范。

正面示范：让学生观察拦网的基本取位，手臂的位置、摆动，拦网手型和拦击动作。

侧面示范：让学生观察拦网时手臂与身体的位置关系、身体与网的距离等。

背面示范：让学生观察拦网的起跳动作、伸臂动作、拦网手法等。

2. 讲　解

拦网在比赛中的作用；拦网技术的特点；拦网技术的分类；拦网技术动作的方法及要领等。

3. 组织练习过程

原地伸臂练习，网前原地起跳拦网，移动徒手拦网，拦固定扣球，拦扣球进攻，配合拦网。

4. 纠正错误动作

（三）主要练习方法

1. 网前原地起跳拦网

3～4 人在网前练习，体会起跳和伸臂动作。垂直起跳并贴近网伸臂。

2. 移动拦高台固定球

1 人站在凳子上举球，其他人轮流从球的左侧或右侧移动后拦网。先用并步移动，再用交叉步移动。

注意：尽量平行球网移动。移动后要制动，避免身体继续向两边移动，影响拦网效果。

3. 原地拦对方原地扣球

网高 2 米。2 人 1 组，或 3～5 人 1 组，1 人原地扣球，其他人隔网轮流原地拦网，在扣球人挥臂时，开始伸臂。扣 5 次球，换扣球人。

4. 双人原地起跳拦网

2 人 1 组，并排在网前，同时起跳形成双人拦网。注意观察网上 4 只手的位置是否合适。网两侧可以同时若干组练习。

5. 移动双人拦网

2 人分别站在2、4 号位，其他人在 3 号位准备配合拦网。向左移动配合 4 号位队员拦网后即留在4 号位，等待下一名队员移动过来形成双人拦网。向右移动配合2 号位拦网后即留在2 号位。

注意：移动后要制动，加强2 人配合。

6. 拦对方扣球

（1）单人拦对方4 号位或2 号位扣球。1 人准备拦网，其他人轮流扣球。教师传球，传球距网0.5 ~1 米。

（2）双人拦对方4 号位或2 号位扣球。2 人准备拦网，其中1 人在3 号位，待二传出手后再移动。其他人轮流扣球。

注意：第一，拦扣球的练习，关键是扣球要减少失误，不怕被拦，不要躲拦网手，甚至主动往拦网人手上扣球。第二，扣球和拦网都要注意避免碰网，避免过中线，以防冲撞或踩脚受伤。

五、常见问题及其诊断（表2 –6）

表2 –6　常见问题及其诊断

现象	诊　断
1. 拦网搓手指	1. 拦网时手指、手腕太放松；或拦网时过早地屈腕，使手指朝向扣球，被球击打。
2. 拦网时手臂碰网	2. 没有做提肩的动作，而是手臂前扑下压。
3. 拦网时身体碰网	3. 起跳远网，前扑起跳；或含胸收腹不够，身体重心不稳。
4. 对方扣球总是从手上过	4. 拦网起跳过早，在下落时对方才扣出球。
5. 虽然能拦到球，但球乱飞	5. 没有用手去拦网，而是被对方扣球打在手臂上，无法控制；或手没有主动往对方场内压腕，被对方打手出界；或拦网手型不好，手指、手腕紧张度不够。
6. 拦网“窝果”	6. 手臂离网远；或起跳早。

第八节 技术间的关系及其串联

一、技术间的关系

排球各项技术中，除发球外都需要同伴的配合，与其他技术衔接。要完成扣球进攻，需要有二传球保证，而二传球又来自接发球和接扣球防守。防守技术是进攻的保证。进攻技术又可以带动防守技术的提高。接发球水平的提高需要发球技术的带动，接扣球水平的提高又需要扣球技术的带动，拦网水平的提高也是如此。

排球比赛攻防的转换非常快，击球又不允许持球，这正是排球运动的难点。因此对运动员的判断能力提出很高的要求。技术间的衔接是保证比赛不间断、球不在本方落地的重要因素，运动员对比赛过程规律的理解和提前判断是技术衔接的重要保证。

在学习和参与排球运动时，技术掌握只是一小步，更重要的是培养技术串联的意识，提高技术串联的能力和技术运用能力。

垫球为传球创造条件，要了解什么样的球是二传队员最好传的。传球为扣球创造条件，要了解攻手的需求。由于垫球是接对方的来球，难度较大，不能保证个个到位，这就需要二传弥补垫球的不足。同理，扣球队员也需要弥补传球的不足。前一技术环节为下一技术环节创造条件，后一技术环节弥补前一技术环节，这就是技术间的配合与串联。串联意识和能力是在平时练习中一点一滴积累起来的，需要认真体会，主动击球才能形成意识，提高能力。

二、技术串联练习方法

（一）两项技术串联练习

1. 围成圈传、垫球

3~5 人 1 组，围成圈，用 1 球练习，连续传、垫球。可以在组间比赛连续传垫球的次数。要正确选择传、垫技术；明确击球目标；主动接应同伴的来球。

2. 行进间传、垫球

2 人保持 3 米左右的距离，1 人后退移动传球，1 人向前移动垫球。连续传、垫球从一侧边线练习到另一侧边线，然后 2 人交换角色继续练习。

注意：垫球要蹬送，将球垫到传球人头上；传球要注意高吊传球到垫球人前方。主动移动，加强配合。

3. 网前垫、传串联

3～5 人 1 组，1 人隔网抛球，1 人担任二传在网前 3 号位传球，其他人中后场垫球。一定次数后换人抛球和传球。可以练习往 4 号位传球，也可以往 2 号位传球，往 2 号位的传球可以正面传球，也可以练习背传球技术。

注意：垫球和传球都尽量到位。二传队员要主动接应垫球，来不及传球时可用垫球技术，甚至把球接住，尽量不要让球落地。

4. 网前传、扣串联

扣球人将球传给二传，然后准备扣二传的传球。每个学生传 10 次球。可以在 4 号位扣球或 2 号位扣球。给二传的球要尽可能到位。当二传球不适合扣时，要用合理的技术将球处理过网，不轻易让球落地或失误。

5. 防、调串联

学生 2 人 1 组，分别在 1、5 号位。专人在网前 3 号位抛球。抛向 1 号位时，1 号位队员防守，5 号位队员接应防守并传球到 2 号位。5 号位队员防守时，1 号位队员将球传到 4 号位。完成 1 次练习后 2 人交换位置。

注意：防守尽量垫到中场，调整传球的人要提前判断移动，传球时全身协调发力，传球后迅速返回原位。

6. 发球、接发球对抗

6 人 1 组，3 人在 1、6、5 号位接发球，3 人在对方端线处轮流发球。每 10 次球交换发球人，同时接发球方 3 人轮换位置。3 人发球结束后，发球和接发球方交换练习。比赛双方接发球到位的次数。

注意：接发球要加强判断、呼应和配合。

7. 原地扣防

3～5 人 1 组，1 人在网前自抛扣球，其他人在距网 6 米处轮流防守垫球，每人扣 10 次交换。

增加难度的练习：网前扣球的学生直接扣同伴垫上来的球。

注意：防守要主动判断并积极取位。扣球尽可能打准。连续扣球防守时，垫球要有一定的高度且垫到网前，扣球人积极移动找好扣球点。

8. 2 人连续扣防

2 人 1 球，距离 4～5 米。1 人连续扣球，1 人连续防守。若干来回后交换角色。保持 2 人间的练习距离，可以帮助控制扣球和防守的用力。

9. 3 扣 3 防

3 人在后场防守，3 人在对方 4 号位轮流扣抛球。每人扣 5 次球后 2 组交换。防守人商量选择各自的防守位置。比赛哪组扣球失误少，防守起球多。

注意：抛球距网 1 米左右。防守注意缓冲，垫到网前，不直接垫过网。认真捡球，避免扣球人踩球受伤。

10. 扣、拦对抗

2 人 1 组，1 人扣抛球，1 人拦网。练习 2 ~ 3 次后，2 人交换。

注意：抛球离网 50 厘米左右，扣、拦都不要过线和碰网。

（二）3 项以上技术串联练习

1. 2 人发、垫、传

2 人相距 9 米，在两边线附近，1 人发球，另 1 人接发球，将球垫到中场。发球后的学生移动接应垫球并转身 90 度将球自传起，再退到边线附近发球。10 次后 2 人交换。

注意：发球后边判断接发球情况，边移动，不要盲目跑动。接发球人尽量垫球到位。

2. 分组发、垫、传

2 ~ 3 人在对方后场或端线处发球，2 ~ 3 人在中后场轮流接发球，2 ~ 3 人在网前传球。发球 10 次后，3 组轮换。

注意：接发球人要提前判断并积极取位。不垫球的人站端线附近，让垫球人有足够的移动空间。二传加强接应，可以选择垫球技术。

3. 2 人扣、垫、传

2 人相距 4 米左右，1 人扣球，另 1 人防守。扣球后接应同伴的防守进行传球，防守后准备扣同伴的传来球。2 人循环练习。

注意：完成前一动作后，马上作出下一动作的准备姿势。如传球后马上降低重心准备防守；扣球后马上判断垫起的球准备传球。

4. 前排防、传、扣串联

1 人在网前 3 号位担任二传，其他人在 4 号位 3 米线附近，准备轮流防守后扣球。二传先自抛扣球给攻手，然后接应防守起球将球传到 4 号位。扣球队员先防守，然后准备扣球。练习一定次数后换传球人。

增加练习的难度：先由扣球人传球给二传手，然后是二传扣球，再防守、传球、扣球。

注意：二传扣球中等以下力量，扣球后马上准备移动传球。扣球人防守后一定要外绕后再进行助跑上步。

5. 3人扣、垫、传

3人站成等边三角形，1人原地扣球，1人防守，1人传球，连续进行。一定次数的串联后，3人交换角色。

6. 网前垫、传、扣串联

学生分为3组，1组在中后场垫球，1组在网前作二传，1组在4（2）号位扣球。二传组学生轮流到对方网前抛球。抛球一定次数后3组交换。可以在4号位组织进攻，也可以练习在2号位组织进攻。

尽可能击球到位，为同伴创造好的击球条件，同时要弥补同伴不到位的球。合理选择击球技术，选择击球技术的原则首先是保证不失误地击球过网，然后是增加攻击性。

7. 后排防、调、扣串联

2人1组分站1、5号位。教师或固定人在网前3号位附近自抛扣向后场。1号位队员防守后准备上网扣调整球，5号位队员接应调整传球到2号位。5号位队员防守后准备在4号位扣调整球，1号位队员传球。

8. 传、扣、拦练习

1人在对方准备拦网，1人专职二传，其他人轮流扣球。有效拦网1次或跳起拦网5次后换人拦网。可以在4号位扣、拦练习，也可以在2号位扣、拦练习。

注意：传球要中网距离；扣球减少失误，并只扣一般斜线；拦网要有信心，选择好起跳时间；扣、拦双方都避免过线和碰网犯规，注意安全。

9. 4对4比赛

每边场地4名队员，网前1名组织进攻，其他3人在后场，既要接发球、接扣球，又要参与进攻。轮转发球，且轮转到哪个位置即在那个位置进行比赛。可以规定不允许将球主动击入对方的3米线内、进攻只允许后排或远网扣球等，以保证比赛的连续进行。

10. 3对3比赛

可以全场进行，也可以半场进行。全场比赛时，3个人均是既防守又进攻。1人防守时，其他不防守的队员准备传球组织进攻。半场比赛时，选用宽4.5的场地，1人在网前作二传，1人在后排防守，1人准备进攻；或1人二传，其他2人都准备防守，没有防守的人转入进攻。轮转发球，可以在端线发球，也可以在中场发球或传球过网进入比赛。

本章思考题

1. 请论述上手发飘球、垫球、传球、扣球技术的击球点和身体的触球部位。
2. 你认为发球技术学习的重点和难点在哪里?
3. 扣球技术如何进行教学?
4. 垫球技术常出现的问题有哪些?请举例 2 种进行分析并提出纠正方法。
5. 传球技术在比赛中如何运用?
6. 双人拦网配合的要点有哪些?

第三章

排球基本战术

本章概要

本章由排球战术概述、阵容配备与位置交换、排球进攻战术、排球防守战术、排球战术教学与训练等5部分组成。

通过本章学习，可以帮助学生掌握排球战术的概念、了解排球战术的基本内容与分类；掌握不同阵容配备的优点与不足；了解进攻战术形式和进攻战术打法的内容与种类，重点掌握“中一二”进攻战术形式和强攻战术打法的运用方法；了解接发球防守阵形、接扣球防守阵形、接拦回球防守阵形、接推吊球防守阵形在比赛中的运用形式与变化，重点掌握5人接发球阵形和双人拦网防守阵形的运用与变化；同时初步掌握排球接发球进攻战术和接扣球进攻战术的主要教学步骤与方法。

第一节　排球战术概述

一、排球战术的基本理论

（一）排球战术概念

排球战术是指运动员在比赛中根据排球规则、排球运动的规律、比赛双方的具体情况和临场变化，合理有效地运用所掌握的技术，采取的有目的、有意识、有组织的个人和集体配合行动。

简而言之，排球战术是运动员所掌握的排球技术在比赛中的合理运用与发挥。比赛进行中为夺取胜利，场上队员在规则允许的条件下，根据对手的情况正确分配力量，组成多人及全体队员参与进行的进攻和防守，以取得最佳的个人技术行为效果。

因此，个人技术是全队集体战术的基础。一般说来有什么样的技术，就打什么样的战术。运动员的技术训练水平、个人特长、本队的战术打法的指导思想、比赛对手的战术打法等因素是选择本队战术打法的重要依据。当一支球队技、战术水平达到一定的程度之后，则要设计更为先进实用的攻防战术。在这种情况下，要打什么样的战术，就要练什么样的技术。从而使本队的技、战术水平不断得到提高。

（二）技、战术指导思想

任何一支排球队技、战术打法的形成，离不开对排球比赛得失分规律的深刻认识。在总结排球运动规律的基础上，提出技、战术训练的主导方针和基本原则，就是技、战术训练、比赛的指导思想。

技、战术指导思想决定着排球队伍的技、战术发展方向。我国排球运动技、战术训练比赛的指导思想是：在技术全面的基础上，向全攻全守的方向发展。发展高度，坚持快速，突出特点，准确熟练，配合多变，实现全、快、高、准、变。

（三）战术意识

战术意识是指运动员在运用技术的过程中，有战术目的支配自己行动的心理活动。是运动员所具有的比赛中有效运用技术的经验、才能和智慧。运动员在比赛中的判断能力、应变能力和实战能力以及每一项技、战术的运用，都受到一定战术意识的支配，包含着战术意识的内容。

运动员的战术意识表现为，比赛中根据场上敌我双方的具体情况，选择运用技术及与同伴进行配合的能力。这种能力通过技术运用的目的性、预见性、准确性、主动性、灵活性等特点表现出来。

也可以说战术意识是运动员在比赛场上判断、应变、运用技术和实现战术目的能力的综合。战术意识是运动员自觉的心理活动，它是通过第二信号系统实现的，并与运动员的情绪和意志紧密相联。它是衡量运动员竞技能力是否成熟的标志。因此，在训练和比赛中注重培养运动员的战术意识是非常重要的。

二、排球战术的分类

排球战术的分类是根据排球运动的特点，将排球战术的内容分层次划分为相互衔接的战术内容体系。以便对排球战术有一个总体的了解。

排球战术按参与战术的人数可划分为个人战术和集体战术。个人和集体战术可划分为进攻与防守两大体系。

个人攻防战术根据运动员在比赛中的战术行为的内容可划分为：发球个人战术、接发球个人战术、接扣球个人战术、传球个人战术、拦网个人战术、扣球个人战术。

集体战术的进攻战术体系由进攻战术形式和进攻战术打法组成。集体进攻战术的进攻战术形式可划分为："中一二"进攻战术形式、"边一二"进攻战术形式、"插上"进攻战术形式。集体进攻战术的进攻战术打法可划分为：强攻、快攻、平快掩护攻、立体攻等4个类别。每一类进攻战术打法又包含许多具体的战术内容。如强攻分为调整强攻、拉开强攻、集中强攻、后排强攻等；快攻分为近体快、短平快、背快、平拉开、单脚快、时间差、位置差、空间差等等；平快掩护进攻分为交叉进攻、梯次进攻、夹塞进攻、跑动进攻、双快进攻、三快进攻等；立体攻可划分为前排掩护的1号区后攻、前排掩护的5号区后攻、前排掩护的6号区后攻等。

集体战术的防守战术根据对方进攻来球形式的不同，其防守战术的形式分为接发球防守阵型、接扣球防守阵型、接拦回球防守阵型、接推吊球防守阵型。

个人与集体、进攻与防守构成排球战术的基本元素。防守是在对方进攻条件下的防守；进攻是在己方防守起球后的进攻。在排球战术中攻防是一个事物不可分割的两个方面。因此，排球战术可根据对方进攻来球的不同，将排球比赛中个人与集体、进攻与防守的战术行为划分为接发球进攻战术、接扣球进攻战术、接传吊球进攻战术和拦回球进攻战术等4大战术系统。

排球战术的分类见图3－1。

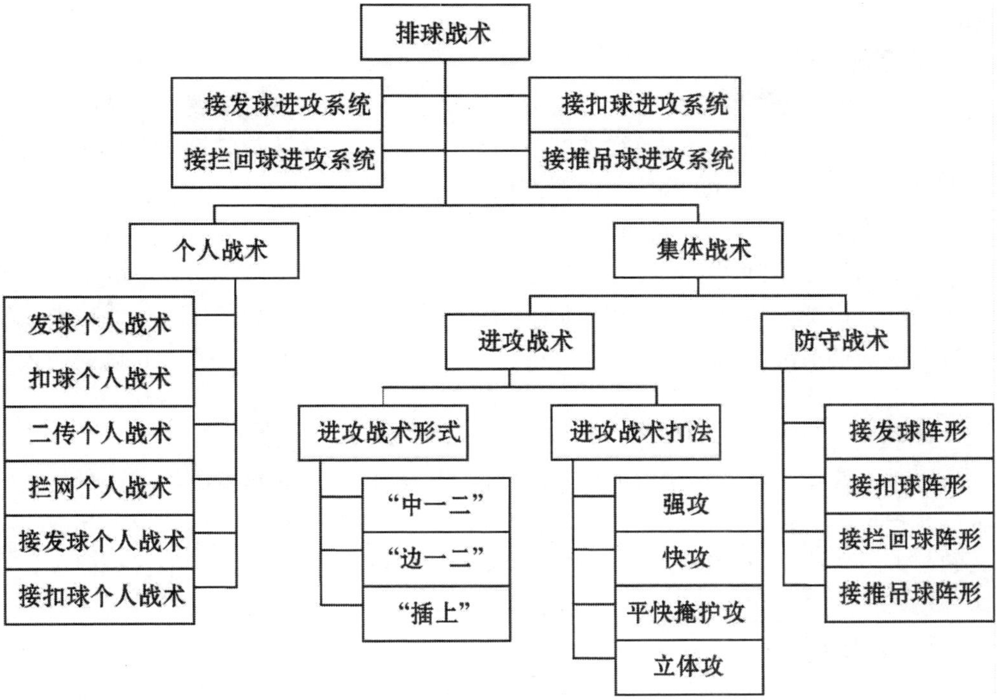

图 3－1　排球战术分类图

第二节　阵容配备与位置交换

一、阵容配备

（一）场上队员的职能分工

排球比赛中，场上每个队员的职能分工是不同的。根据比赛中每个队员的职能分工，将场上队员划分为主攻队员、副攻队员、二传队员、接应队员和自由人。不同类型场上队员的主要职能如下。

1. 主攻队员

主要以强攻手段突破对方拦防得分。主要进行中、远网和后排的调整扣球进攻，即强攻扣球。因此，对主攻队员扣球、击球的高度、力量、线路、技巧、变化和准确性都有较高的要求。

2. 副攻队员

主要以快攻手段突破对方拦防得分。主要进行近、中网低弧度二传球的快攻扣球，即快攻扣球。同时利用自己的快攻跑动，为其他进攻队员的进攻提供掩护。并且副攻队员还要担负中间和两侧的拦网任务。

3. 二传队员

主要以传球的方式组织场上进攻队员的扣球进攻。二传队员是全队战术进攻的组织核心，比赛中本队每一次扣球进攻的进攻队员、进攻区域与进攻形式均由二传队员根据临场情况做出决择。一个优秀的二传队员对本队的进攻效率和比赛胜负起着至关重要的作用。

4. 接应二传队员

兼有进攻队员和二传队员的双重职能。当二传队员无法传球组织进攻时，接应队员就担负起二传队员的职能。当二传队员组织进攻时，接应队员就担负起进攻队员的职能。接应队员的进攻主要集中在场地右侧进行强攻、快攻、平快掩护攻和立体进攻。

5. 自由防守队员

专司接发球和后排防守。其上下场之间只需经过一次发球的比赛过程。换人不计入正规换人次数，且次数不限。因此，选择接发球和后排防守技术好的队员充当自由人，能大大提高本队的防守水平。

（二）阵容配备及其主要形式

阵容配备是指比赛中场上不同职能分工队员的搭配组合。场上队员的合理搭配，能更好地发挥每个队员的技术特长与作用，形成强大的整体攻防效能。在高水平排球比赛中，阵容配备的主要形式有“四二”配备、“五一”配备2种。

1. “四二”配备

“四二”配备（图3－2）是指全队场上阵容由2名二传手、4名攻手构成。其中4名攻手又分为2名主攻手、2名副攻手。

图3－2

“四二”配备的优点是每一轮次前排都有1名二传队员和2名进攻队员，便于组织进攻。如果在后排的二传队员插上组织进攻，前排的二传队员又有进攻能力的话，则每一轮次都可形成3点进攻，从而加强了本队进攻的实力。

缺点是每个进攻队员必须熟悉2名二传队员的传球特点，配合比较困难。同时一个队要培养2名优秀二传手比较困难。如果还要求他们做到能扣能拦就更不容易。

2. “五一”配备

“五一”配备（图3－3）是指全队场上阵容由1名二传队员、5名进攻队员组成。为了弥补有时1名二传队员来不及传球所出现的被动局面，通常在二传队员对角的位置上，配备1名有较强攻击能力和一定传球能力的接应二传队员。国内、外较高水平的球队一般都采用“五一”配备。

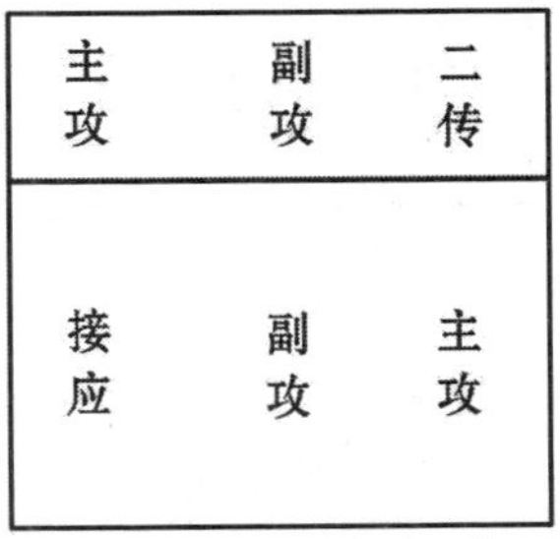

图3－3

“五一”配备的优点：1名二传队员容易培养；二传队员在后排时，前排3名队员都是攻手，可以加强进攻和拦网的力量；全队的进攻队员只需适应1名二传手的传球特点，在进攻配合上容易形成默契。

缺点：二传队员在前排时，后排没有二传队员插上，有3轮只有2点进攻；防守反击时，二传队员如果在后排，要插上组织进攻的难度就比较大。

（三）初学者的阵容配备

1. 凡是轮到3号者即担任二传（图3－4）

初学者需全面学习传、垫、发、拦、扣等各项技术，在未掌握换位技术前，采用轮到3号位的队员作二传的阵容配备，让3号位队员将一传球传给2、4号位的队员进攻，是既简单实用又全面提高队员各种能力的好办法。

2. 2名进攻队员站对角的阵容配备

初学者技术水平较差，能进攻的队员少，可将能进攻的队员安排站在对角的位置，使前排总有1名能进攻的队员（图3－5）。

3. 三三配备

3名能进攻的队员和3名能传球的队员间隔站位（图3－6），使前排每一轮次都能传能扣。

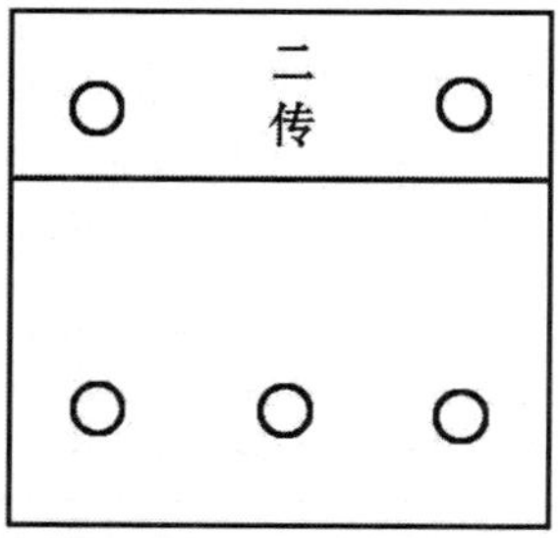

图3－4

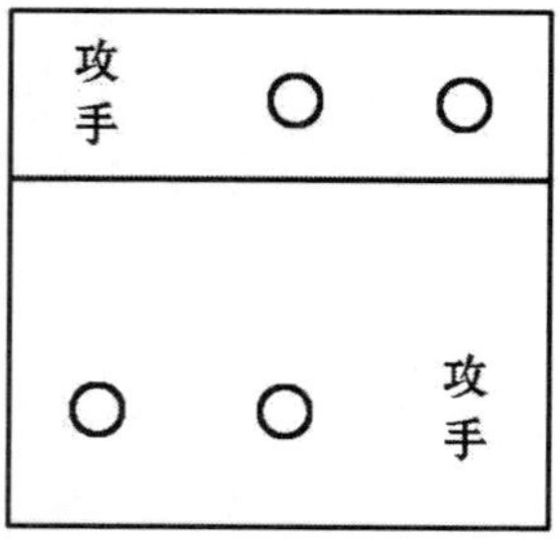

图3－5

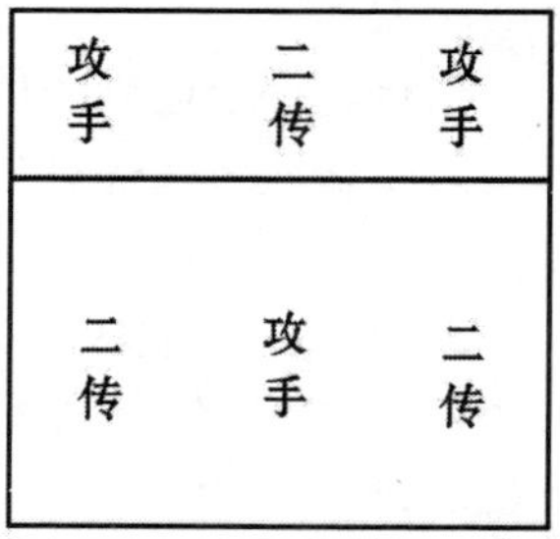

图3－6

二、位置交换

根据规则场上队员在发球后可任意交换位置，为了便于发挥每个队员的特长，比赛中场上队员一般采用专位进攻、专位防守的方式进行比赛。这样使每个队员只掌握自己的专位技术，有利于提高训练效率。但存在着队员个人技术不够全面的缺陷。随着训练水平的提高，技战术的训练及比赛有打破专位攻防趋势，使比赛中战术的运用更加灵活多变。

换位的规律是把在前排的主攻队员换到4号位；把拦网好、移动快、连续起跳能力强的副攻队员换到3号位；二传队员换到2号位。把防守灵活的队员（一般是副攻队员）换到6号位；二传队员换到1号位，便于防反时进行插上传球组织进攻。为了加强后排进攻，提高"立体进攻"的效果，可将后排进攻能力强的队员换到1、6号位。

换位时的注意事项：

1. 换位前应按规则的要求站位，防止"位置错误"犯规。

2. 当发球队员击球后，应力求迅速地换到预定的位置作好击球的准备。

3. 对方发球时，应先准备接起对方的发球，然后再换位，以免影响接发球。

4. 成死球后，应立即回原位。尤其对方发球时，回位晚会来不及作好接发球准备，被对方利用。

第三节　排球进攻战术

排球进攻战术是指在接起对方发过来、扣过来、拦回来和推吊过来的球后，场上队员所采取的有目的、有意识、有组织的进攻行动。这种进攻行动由进攻战术组织形式和进攻战术具体打法构成。

一、进攻战术形式

进攻战术形式是指在防起对方来球后进攻的组织方式。在接起对方发过来、扣过来、拦回来和推吊过来的球后，扣球进攻的组织方式一般采用“中一二”、“边一二”和“插上”等3种形式。

(一)“中一二”进攻战术形式

“中一二”战术进攻形式是指，比赛中场上位于3号区的队员作二传，将接起来的球传给2、4号位队员进行扣球进攻的组织方式（图3－7）。

这种进攻战术的组织方法比较简单，但不便于进行各种战术打法的变化，因此，多为水平不高的队伍所采用。

为了组成“中一二”进攻战术，在二传队员不在3号位时，就要换位。即不在3号区的二传队员，在对方发球队员击球后，快速跑动到3号区作二传。换位的方法有2种，1种是从2号区换到3号区；1种是从4号区换到3号区（图3－8）。

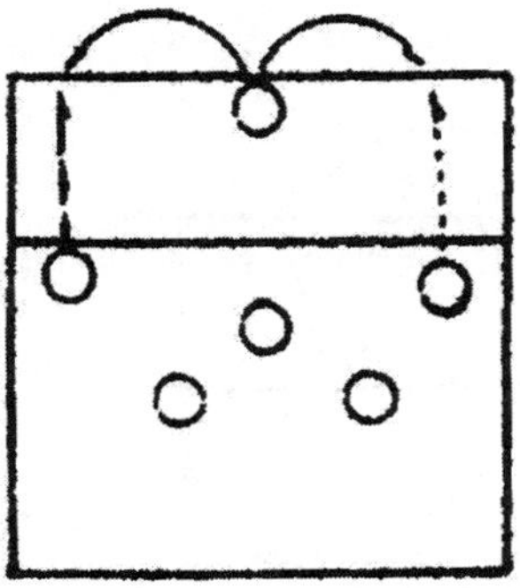

图3－7

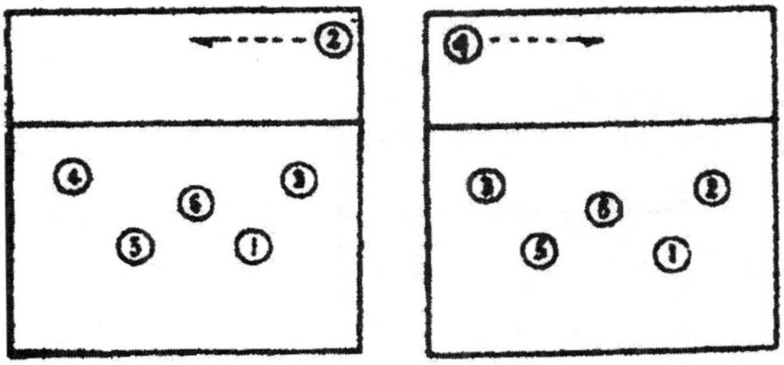

图3－8

(二)“边一二”进攻战术形式

“边一二”战术进攻形式是指，比赛中场上位于2号区的队员作二传，将接起来的球传给3、4号位队员进行扣球进攻的组织方式（图3－9）。

“边一二”战术进攻形式的二传队员所在位置，也是插上二传的位置。“边一二”接发球进攻阵形便于组织各种进攻战术配合，是排球进攻战术打法的基本形式。

在前排攻手是左手队员的情况下，也可以组成“反边一二”（图 3－10）。

二传队员在 4 号区时可以换位成“边一二”（图 3－11）。二传队员在 3 号区时也可以换成“边一二”（图 3－12）。

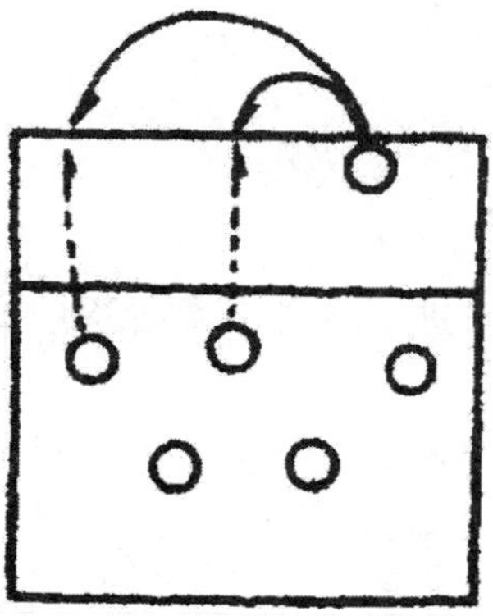

图 3－9

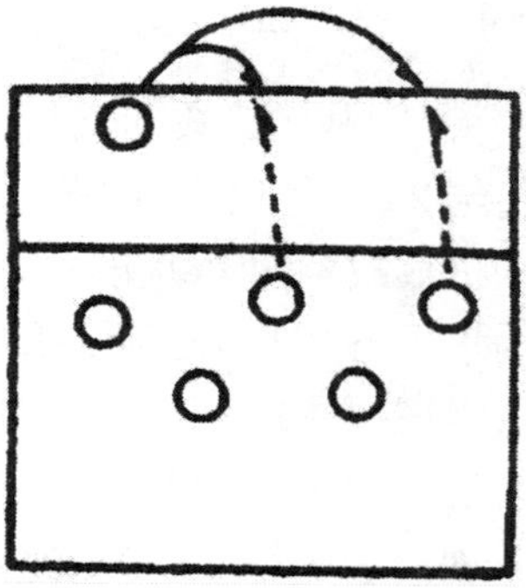

图 3－10

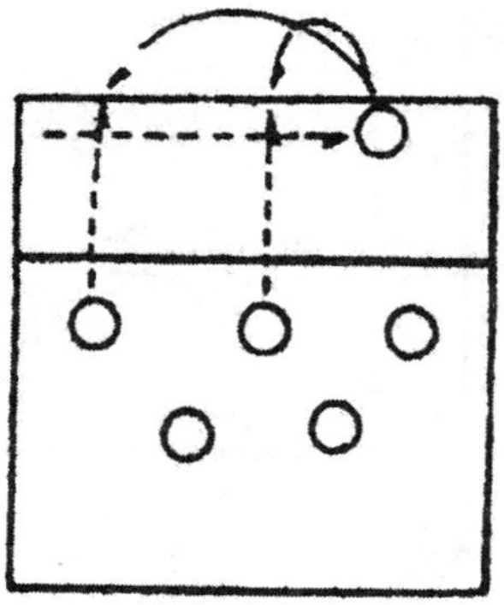

图 3－11

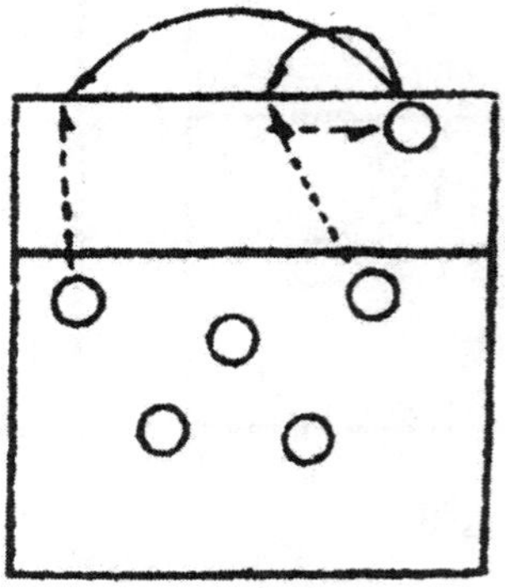

图 3－12

（三）“插上”进攻形式

“插上”进攻形式是指，比赛中后排队员在对方发球击球之后，插到前排指定区域作二传的组织进攻战术方式（图 3－13）。

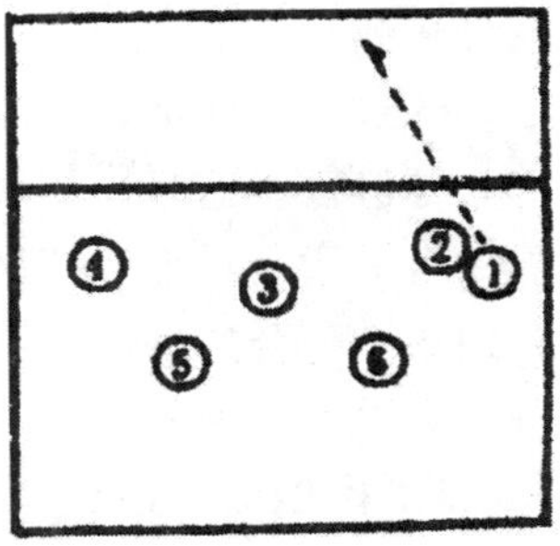

图 3－13

“插上”进攻战术打法有 3 个以上进攻队员和攻击点，能有效地组织各种平快进攻和立体进攻，是当前较高水平的运动队广泛采用的接发球进攻打法形式。

当采用“五一”配备，且二传队员在前排时，二传队员不需插上，但前排只有 2 个攻击点。

二、进攻战术打法

进攻战术打法是指在防起对方来球后，二传队员与攻手之间传扣配合的组织方式。在接起对方发过来、扣过来、拦回来和推吊过来的球后，进攻战术打法有强攻、快攻、平快掩护攻和立体攻等 4 种组织方式。每种进攻组织方式又包含不同的具体战术扣球进攻的内容。

（一）强　攻

强攻是指在没有同伴掩护的情况下，凭借运动员个人高度和技巧强行扣球，突破对方拦防的进攻。

1. 集中强攻

指扣球位置在 2、4 号位距离标志杆 2 米左右的高球进攻。

2. 拉开强攻

指扣球位置在标志杆附近的高球进攻。这种进攻扣球的线路多，易攻不易守，拦网队员拦网时移动的距离也比较长。

3. 调整强攻

将一传不到位的球通过二传调整到网前进行的扣球进攻。

4. 后排强攻

指没有前排队员跑动掩护的后排队员的大力扣杀。

（二）快攻及平快掩护进攻

以各种平拉开、短平快和快球所组成的传扣进攻配合为平快攻。平快攻是现代排球进攻战术的中心。快攻可分为单人快攻和集体配合快攻。单人快攻是接发球后，通过二传队员的传球由进攻队员个人完成的平快球、时间差、位置差、空间差等扣球进攻。这些快攻战术打法的扣球技术，已在排球技术的有关章节详细介绍过了，本章就不再介绍。以下主要介绍集体配合的平快掩护进攻战术打法。常见的平快掩护进攻有以下几种形式。

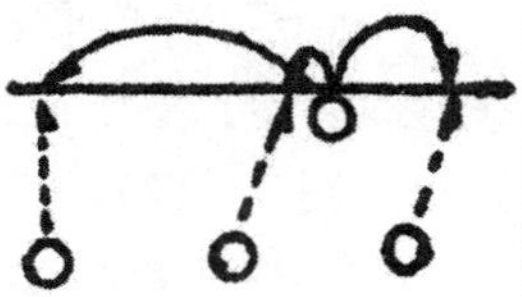

图 3－14

1. 平快掩护攻

3 号位队员打快球或短平快，2、4 号位拉开进攻（图 3－14）。

2. 交叉进攻

交叉进攻是 2 名进攻队员用交叉路线跑动的一种进攻形式（图 3－15）。其目的在于扰乱对方的人盯人拦网。

图 3－15

3. 梯次进攻

2 名进攻队员一前一后跳起扣球，起跳点和击球点大至在同一条纵线上，形成重叠，对方的拦网队员被前面跳起的队员欺骗跳起，使后面跳起的队员在无人拦网的情况下扣球进攻（图 3－16）。

4. 夹塞进攻与串平进攻

3 号位队员扣短平快球，4 号位队员跑动到二传队员与 3 号位队员之间扣半高球称为夹塞进攻（图 3－17）。扣球队员跟在短平快掩护队员身后扣半平球的进攻形式称为串平进攻（图 3－18）。

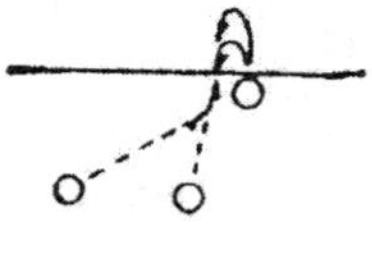

图 3－16

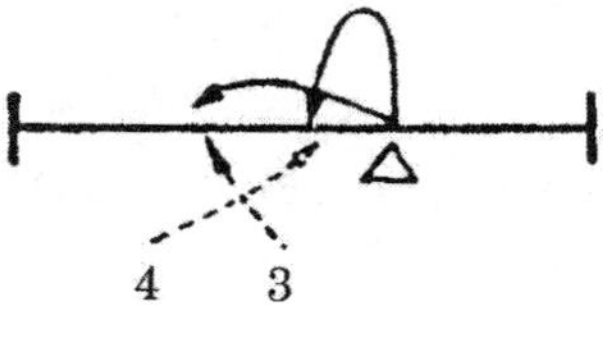

图 3－17

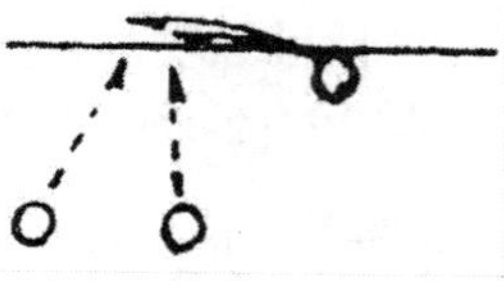

图 3－18

5. 双快一游动

2 名队员同时扣平快球吸引对方拦网队员起跳，掩护第 3 名进攻队员跑到无人拦网或拦网薄弱区域进攻的战术打法（图 3－19）。

（三）立体进攻

立体掩护进攻是前后队员共同参与的进攻配合，目前在世界级比赛中为男子队所广泛采用。立体进攻由于参加进攻的人数多，因此打法的组合也是多种多样的，概括起可分为前排队员掩护后排队员进攻和后排队员掩护前排队员进攻。其主要的进攻形式有 1 号区立体攻、6 号区立体攻、5 号区立体攻（图 3－20）。

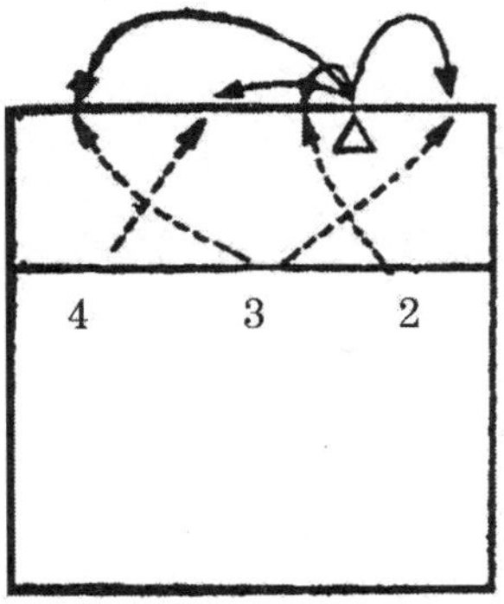

图 3－19

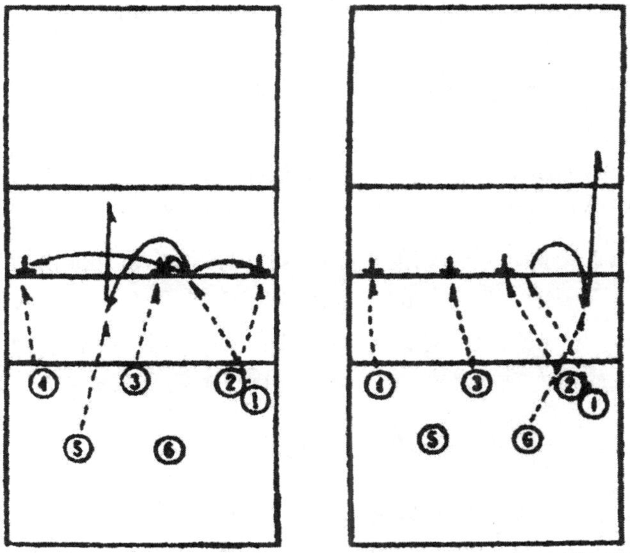

图 3－20

第四节 排球防守战术

一、接发球防守战术

接发球防守战术是指场上队员为接起对方发球所采取的有目的、有意识、有组织的防守行动。在比赛实践中，接发球防守战术的运用主要是通过接发球站位阵形体现出来的。

一个队的阵容配备确定之后，为最大限度地提高接发球的成功率和最大限度地提高接发球后的进攻效果，必须根据本队队员的技术特点，合理地确定本队的接发球防守阵形。

接发球站位阵形是指对方发球时本队接发球队员的站位布局。

接发球站位阵形的运用与运动员场上位置的交换有密切的联系。规则规定，场上队员在发球击球后可以任意交换位置，但后排队员不能在前排进攻和拦网。为了便于发挥每个队员的特长，目前各队都采用专位进攻和专位防守，每个运动员都有自己的专位职能分工。在长期的竞赛实践中形成的换位规律是，把前排主攻队员换到4号位、把前排副攻队员换到3号位、把前排二传队员（包括接应队员）换到2号位；后排队员的换位是二传队员（接应队员）换到1号位、防守好的队员换到6号位。

发球队员击球前，运动员的必须按规则的要求站位。发球队员击球后，场上队员便可以进行位置交换，因此，接发球阵形布局特点之一就是要便于运动员之间的位置交换，以保证接发球后发挥本队最佳的攻击能力。

国内、外常见的接发球站位阵形有5人、4人、3人、2人接发球站位阵形。不同人数的接发球站位阵形各有其不同的特点。不同接发球阵形的选择要根据本队队员接发球技术的特点和进攻打法的需要来确定。

（一）5人接发球阵形

除担任二传任务的二传队员站在网边或插上位置不参加接发球外，其他5名队员按前3后2呈“W”形站位，每个队员都担负一定区域的接发球任务（图3－21）。

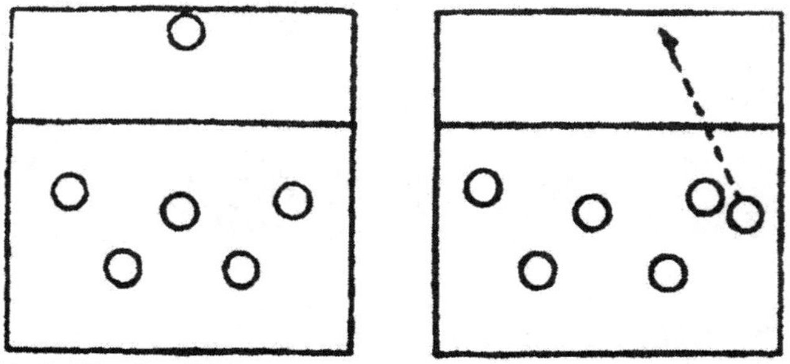

图3－21

5 人接发球站位阵形的优点是，参加接发球的人数较多，相对来说个人的责任区域较小，每个人接发球的责任区域明确，对于女队或移动速度较慢的队来说采用这种阵形较为合适。但是插上队员跑动的距离较长，二传队员在5 号位时插上组织进攻十分不顺手。进攻队员常常要在接发球之后才能完成大范围的跑动进攻。这些缺点使得这种站位方法的动用受到一定的限制。

5 人接发球站位阵形有一般的站位方法，但还应根据对方发球的特点而有所变化。如果对方发球的落点分散，则应采用“松散形”站位（图 3－22）；如果对方发出的球速度快、落点集中，则应采用“压缩形”站位（图 3－23）。

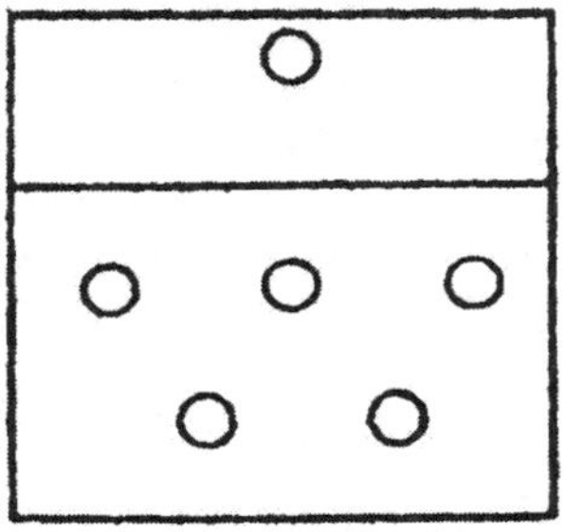

图 3－22

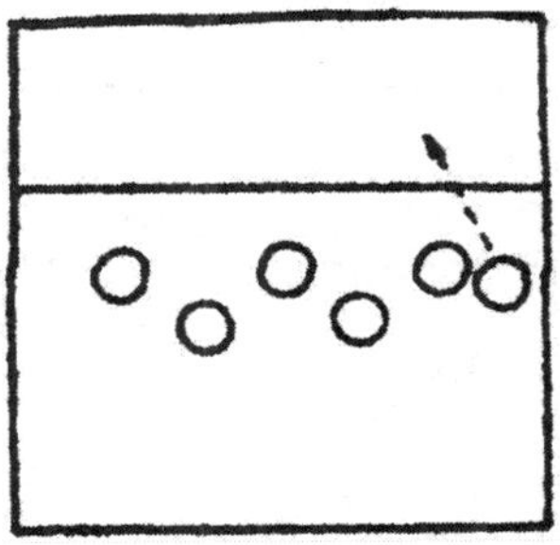

图 3－23

（二）4 人接发球阵形

4 人接发球站位阵形是，1 名二传队员和 1 名攻手不参加接发球，其他 4 人呈弧形站立的接发球的方法（图 3－24）。

这种站位形式不仅可以用于“中一二”，“边一二”进攻战术，也可用于“插上”进攻战术。既可减少快攻队员完成进攻前的负担（不参加接发球），也可以将接发球技术不好的队员“隐藏”在网前或隐藏在角上（图 3－25）。

4 人接发球站位的优点是，便于二传队员插上，便于组织快攻，便于隐藏站位。其缺点是每个队员负责接发球的区域前后距离过长，对队员接发球的能力要求较高。故一般男子队采用较多，女子队采用较少。

对付落点分散的发球应采用4 人“大弧形”站位（图 3－26），对付平飘球和大力球则应采用“小弧形”站位（图 3－27）。

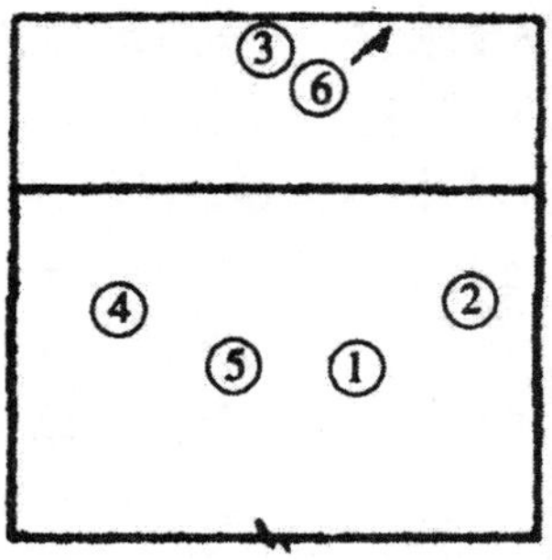

图 3 –24

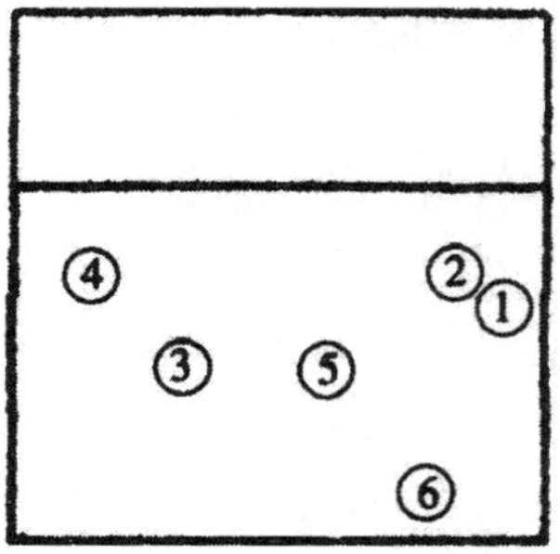

图 3 –25

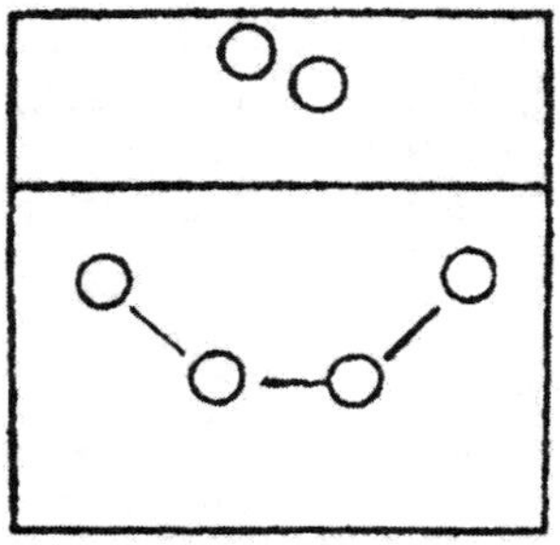

图 3 –26

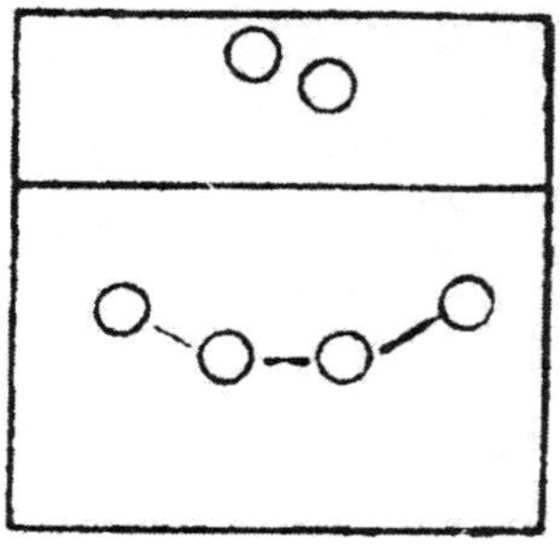

图 3 –27

（三）3 人接发球阵形

根据场上队员接发球技术特点和本队进攻战术的需要，接发球的任务由 3 名队员完成的站位方法为 3 人接发球阵形。接发球的 3 名队员中，一般由 2 名后排队员和 1 名前排队员构成（图 3 –28）。

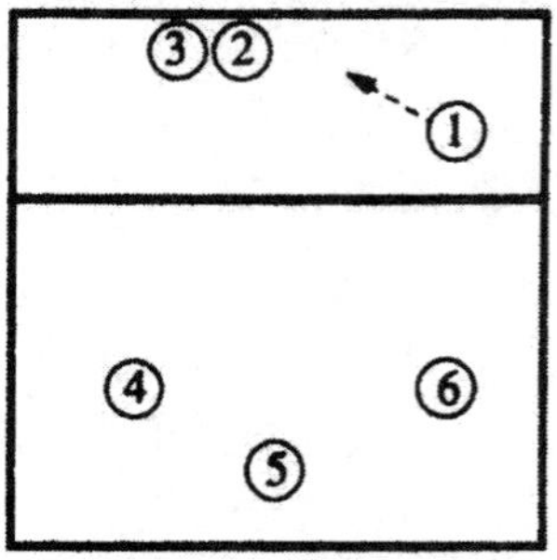

图 3 –28

从进攻的角度看，3 人接发球阵形比 4 人接发球阵形更为有利，而从接发球角度看，3 人接发球比 4 人接难度更大一些。

二、接扣球防守战术

接扣球防守战术是指场上队员为防起对方扣球所采取的有目的、有意识、有组织的防守行动。在比赛实践中，接扣球防守战术的运用主要是通过接扣球防守阵形体现出来的。

接扣球防守阵形，是指场上队员对对方队员扣球进攻进行防守的人员布局的整体结构。它包括前排队员的拦网和后排队员的防守两个部分。

防守阵形的选择，首先要根据对方进攻能力的实际情况而确定。其次要充分发挥本方队员的拦防技术特长；同时还要考虑防守起球后的进攻战术打法。常用的接扣球防守阵形有以下几种形式。

（一）不拦网的接扣球防守阵形

根据对方进攻情况，在没有必要进行拦网时可以采用不拦网的防守阵形（图3－29）。与5人接发球阵形相同，前排进攻队员要撤到进攻线后既要准备防守，又要便于进攻。后排队员后退准备防守后场球。二传队员留在网前准备组织进攻。无论对方队员扣球的进攻点在什么位置，本方后场区的4名防守队员都要面向扣球队员，围成一个弧形。

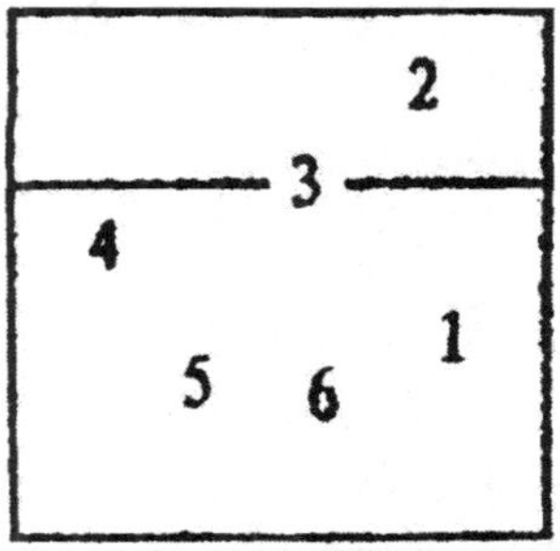

图3－29

（二）单人拦网接扣球防守阵形

单人拦网的接扣球防守阵形是最基本的拦防结构。在水平较低的队相互间比赛时常常主动采用，在高水平的队伍间进行比赛时又常常被动采用。因此，无论水平高低都要掌握这种拦防阵形。

一般情况下多采用单人拦对方相应位置队员的扣球，其他前排队员后撤与后排队员一起构成防守和保护阵形（图3－30）。

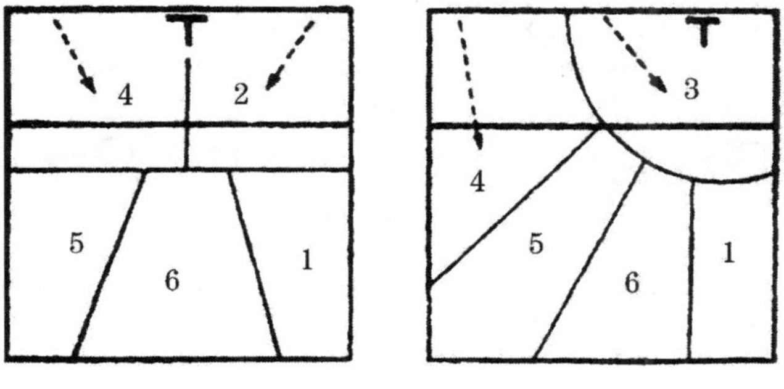

图3－30

若本队3号位队员拦网能力强，则前排拦网的任务都可由其1人完成，不拦网的队员后撤保护和防守。

当对方扣吊球较多时，本方1号位或6号位队员防守取位应靠近场地的中心，以防起对方的吊球。

(三) 双人拦网接扣球防守阵形

水平较高的球队一般都采用双人拦网的接扣球防守阵形。这种防守阵形的布局特点是，场上防守队员面对扣球来球方向成弧形站位（图3-31）。

双人拦网接扣球防守阵形中，后排队员弧形站位有利于防守对方的大力扣杀。当对方进攻队员直线进攻由扣球改为吊球时，双人拦网接扣球阵形又分为“边跟进”和“心跟进”两种不同的防守形式。

1. 双人拦网“边跟进”接扣球防守阵形

“边跟进”是指双人拦网接扣球防守阵形中，如果对方队员改扣为吊，则防吊球的任务是由靠近场地边线的队员，从初始防守位置向前移动跟进来完成。

如果对方4号位进攻时，本方1号区防守队员跟进防吊球；如果对方从2号位进攻时，本方5号区防守队员跟进防吊球。

靠近场地边线的队员跟进防吊球时，要注意对方进攻队员扣球的特点。如果对方扣直线少，吊球多，则采用“死跟”的防守形式。即不论对方是扣还是吊，都跟进至拦网队员的身后防吊球（图3-32）。如果对方扣直线球多，吊球少，则采用“活跟”的防守形式。即根据扣、拦的具体情况决定跟进与否。

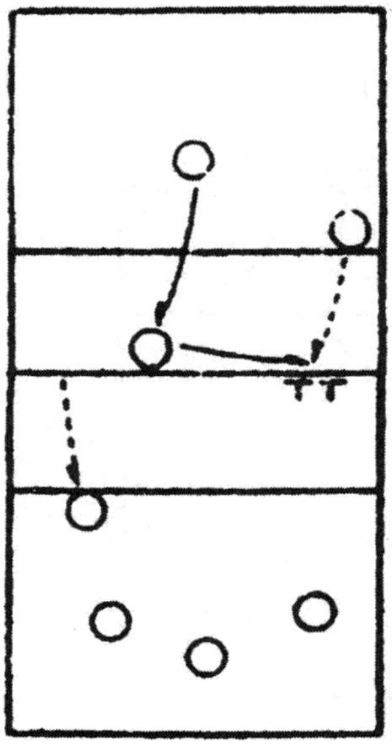

图3-31

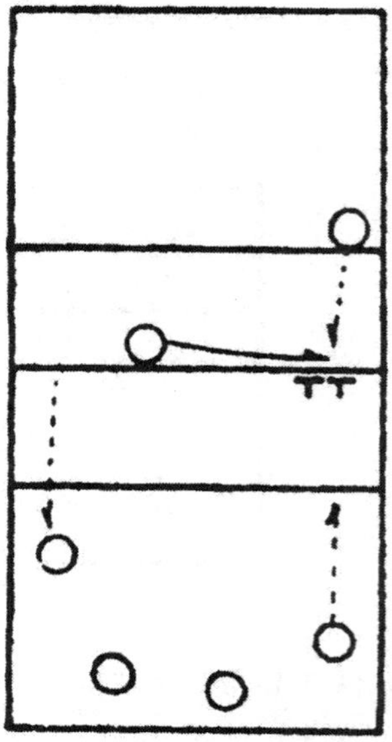

图3-32

在双人拦网接扣球防守阵形中，从前排后撤防守的2、4号队员防守取位有两种形式。

（1）内撤

对方扣直线球较多，且常有吊球，则4（2）号位队员可采用内撤防守（图3-33）。

内撤防守加强了直线球和一般斜线球的防守能力，但反击时内撤队员参加进攻有一定困难。内撤队员不能起动过早，否则会暴露行动意图。最佳时机是在对方扣球击球的瞬间。

（2）双卡

当对方的攻击力不强，扣球线路单调，吊球较多时，则应采用前排队员内撤，后排直线防守队员半跟进的“双卡”防守阵形（图3-34）。

2. 双人拦网“心跟进”防守阵形

“心跟进”防守阵形是指防守队员中，防6号区域的队员跟进防吊球（图3-35）。

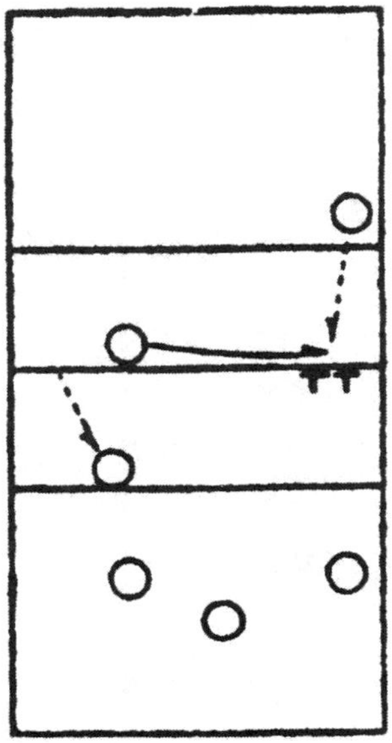

图3-33

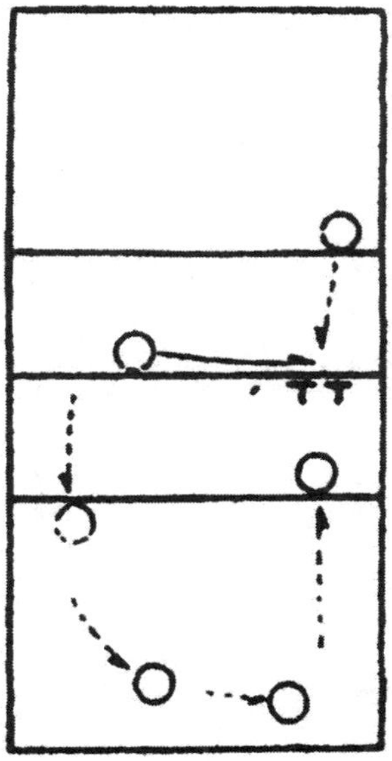

图3-34

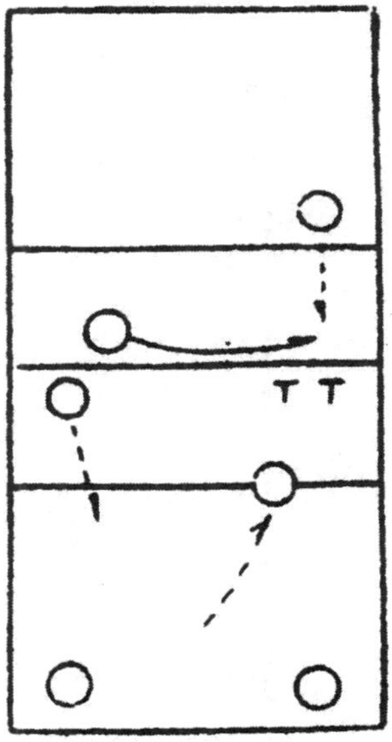

图3-35

“心跟进”防守阵形要求拦网队员必须有效地拦堵对6号区域的进攻，使6号区域的防守队员放心大胆地跟进防吊球和保护拦网。其他队员的防守位置不变。

这种战术对跟进队员的防守技术要求比较高，他必须既能防守吊球，又能在其他队员防守起球的情况下传球组织进攻。一般来说，跟进队员应为二传队员，以便反击中插上组织进攻。因此，比赛中二传队员不在6号位时，应与6号位队员进行换位。

“心跟进”和“边跟进”防守阵形的防守功能各具特点，比赛中要根据不同对手的进攻特点灵活运用。但作为一支训练有素的球队，两种接扣球防守阵形都需要熟练掌握。

（四）3人拦网接扣球防守阵形

3人拦网接扣球防守阵形一般在对方进攻能力很强的情况下采用。

1. 3人拦网“6号位压底”接扣球防守阵形

前排3名队员组成集体拦网，后排防守队员中6号位队员在端线附近防守，负责后场球，1、5号位队员守住场地两腰（图3－36）。有利于防守对方的长线进攻，且以强攻为主的进攻对手。

2. 3人拦网“6号位跟进”接扣球防守阵形

是指前排3人拦网，后排防守6号区域的队员跟进防吊球并保护拦网的防守阵形。这种防守阵形与双人拦网“心跟进”的后排防守形式基本相同（图3－37）。用于对付扣球能力强并且常常吊球的进攻选手。

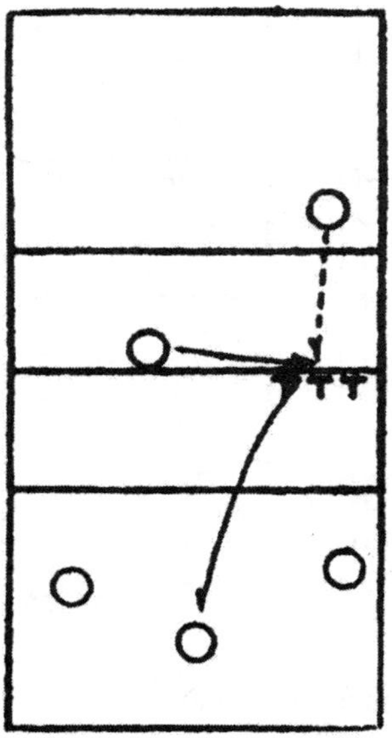

图3－36

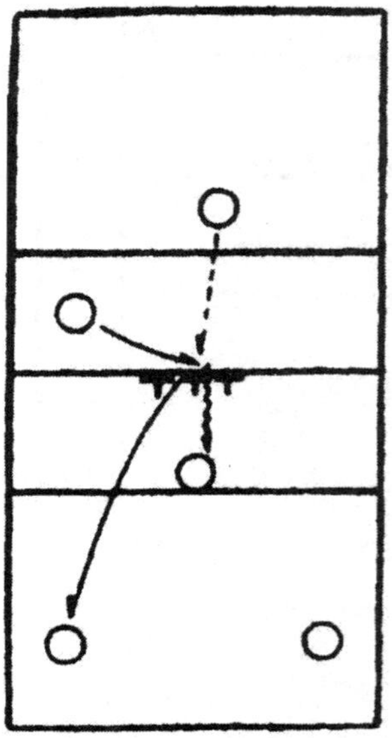

图3－37

三、其他防守战术

随着排球运动的发展，运动员的身高、拦网高度和击球技巧的提高，扣球进攻被拦死和拦回的比例逐渐增大。拦、防起球不能组成扣球进攻的比例也在不断地增加。接拦回球和推吊的防守能力对比赛胜负的影响也越来越大。

接拦回球和接推吊球防守战术是指场上队员为防起对方拦回球和推吊球所采取的有目的、有意识、有组织的防守行动。在比赛实践中，接拦回球、推吊球防守战术的运用主要是通过相应的防守阵形体现出来。

防守阵形的选择，首先要根据对方拦回球和推吊球的实际情况而确定，其次要充分发挥本方队员防守技术特长，同时还要考虑防守起球后的进攻战术打法。

当对方无法组织有力的扣球进攻时，只有被迫将球处理过网。对这种推吊球的防守可采用5人接发球防守阵形进行防守，并运用“中一二”、“边一二”和“插上”等3种进攻战术形式组织进攻。其防守与进攻与接发球进攻战术基本相同。

而拦回球力量、速度、线路、落点变化多端，防守难度很大。必须组织严密的防守阵形才能有效地提高起球率。

常用的接拦回球防守阵形有以下几种形式。

(一) 5人接拦回球阵形

当本方进行强攻扣球时，进攻点明确，有充分的准备时间。可采用除进攻队员外的5人接拦回球防守阵形（图3-38）。

(二) 4人接拦回球阵形

当本方以“插上”进攻形式组织快攻扣球时，可采用除二传和进攻队员外的4人接拦回球防守阵形（图3-39）。

(三) 3人接拦回球阵形

当本方组织多点平快攻或平快掩护扣球时，可采用除进攻队员外的3人接拦回球防守阵形（图3-40）。

(四) 2人或1人接拦回球阵形

当本方组织立体进攻扣球时，可采用二传后撤或非跑动进攻队员的1人或2人的接拦回球防守阵形。

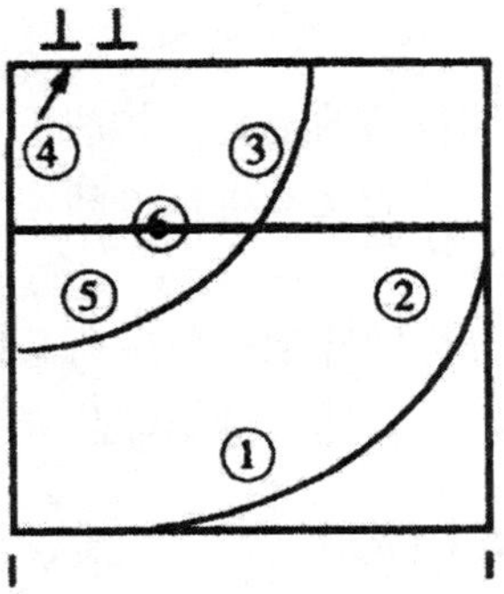

图 3 -38

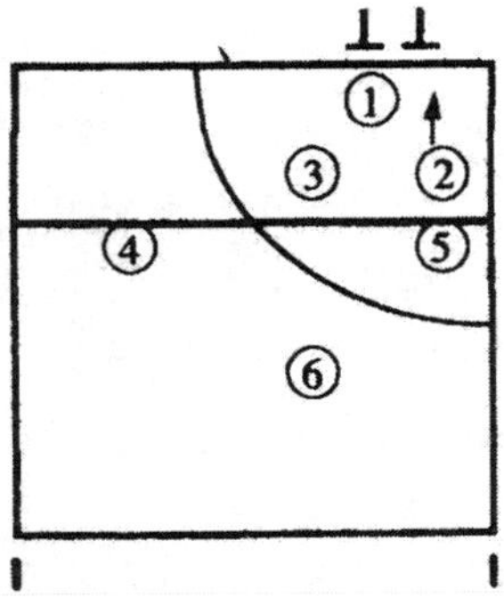

图 3 -39

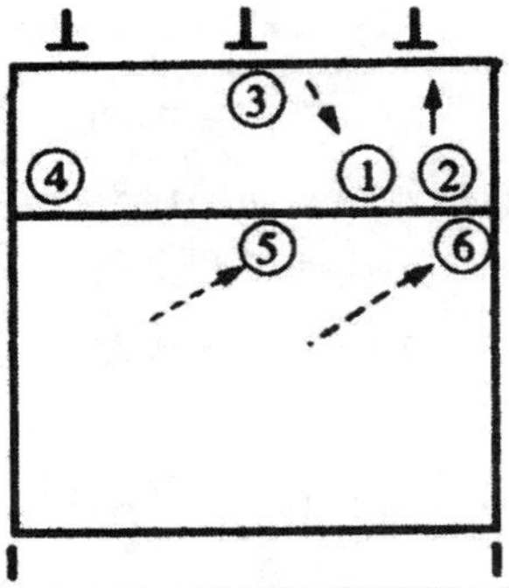

图 3 -40

第五节　排球战术的教学与训练

排球战术教学与训练是培养和提高队员机智、灵活、创造性地运用技术的过程。在教学训练过程中，应根据对象的技战术水平、体能、比赛经验等实际情况，选择适宜的教学训练的方法与手段。

排球战术教学训练过程中，战术意识的培养必须贯彻始终。本着先攻后防、先易后难、逐步提高的原则选择教学训练内容。一般应先学习训练“中一二”进攻，再学习提高“边一二”，最后学习“插上”进攻。在此基础上学习和掌握各种高、难、新的技、战术打法。在掌握进攻战术形式与打法后，要使之与接发球、接扣球、接拦回球和接推吊球的防守阵形与技、战术的运用相结合。

个人与集体、进攻与防守构成排球战术的基本元素。防守是在对方进攻条件下的防守；进攻是在己方防守起球后的进攻。在排球战术中攻防是一个事物不可分割的两个方面。因此，排球战术的教学与训练不能割裂进攻与防守的有机结合。采用接发球进攻战术、接扣球进攻战术、接传吊球进攻战术和拦回球进攻战术等 4 大战术系统进行教学与训练，有利于队员战术意识的培养、有利于攻防技术的提高、有利于队伍整体竞技能力的形成和发展。

本节简要介绍比赛中出现比例最大的接发球进攻和接扣球进攻战术系统的教学与训练。

一、接发球进攻战术教学与训练

（一）接发球进攻战术教学过程与步骤

接发球进攻战术是在基本掌握接发球技术、各种扣球技术和确定了专门二传队员之后进行的。接发球战术进攻以一传为基础，二传是灵魂，扣球是成功的关键。三者的技术质量决定战术的成败。教学过程要遵守由易到难、由简到繁的原则。其基本教学过程大至要经过以下6个步骤。

1. 用挂图、沙盘演示讲解某一接发球战术的全过程，在条件允许的情况下还可组织学员参观该接发球战术的全过程。使学员了解组成该战术的各环节，明确该战术的关键。然后进行徒手跑位。

2. 教练员在本方场内以抛球代替接发球，学员练习组成某一形式的接发球战术进攻（图3－41）。

3. 教练员对场中抛球，部分学员按某一接发球战术形式进行接抛球战术进攻。

4. 教练员对场中发球，接发球队全体队员按某一接发球阵形接抛球，并组成某一种形式的进攻战术（图3－42）。

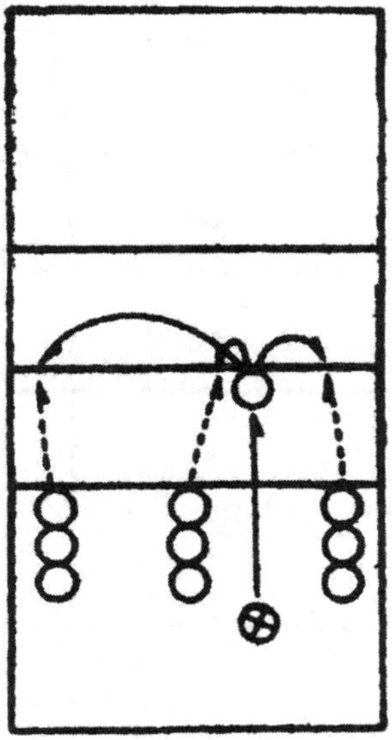

图3－41

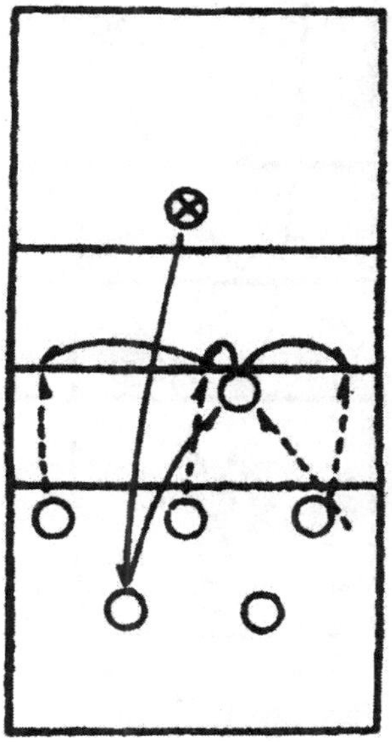

图3－42

5. 教练员对场区发球，全队 6 人配合完成某一接发球战术进攻配合。

6. 在教学比赛或正式比赛中对所练习的接发球进攻战术进行运用，总结运用的效果及存在的问题，然后加以改进。

（二）接发球进攻战术的训练步骤与方法

接发球进攻战术是由接发球、二传、扣球等技术环节组成。在排球训练理论中，将两个或两个以上技术环节的配合练习，称为串联训练。接发球进攻战术的训练必须经历一个由单环节串联向多环节串联的训练过程。在某一完整的接发球进攻战术打法达到一定的熟练程度之后，通过接近实战的对抗练习，就可以用于实战。并通过实战的检验进一步完善提高。

接发球进攻战术的训练过程分为发、接串联练习，发、接、传串联练习，发、接、传、扣串联练习等几个步骤。

1. 发、接串联练习。轮流发球，轮流接发球，然后交换（图 3－43）。

2. 发、接、传串联练习。3 名队员后场接发球，二传在网前传球（图 3－44）。

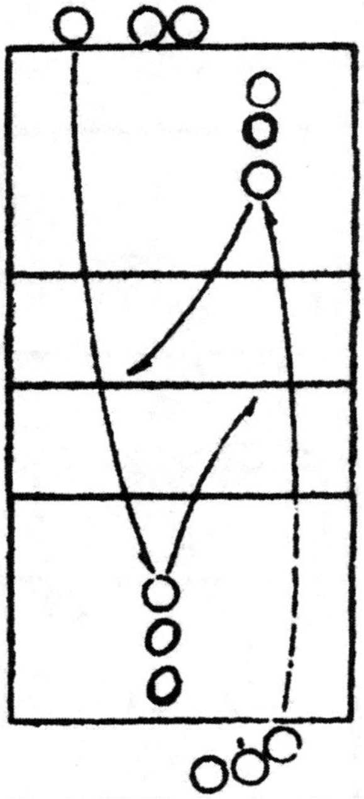

图 3－43

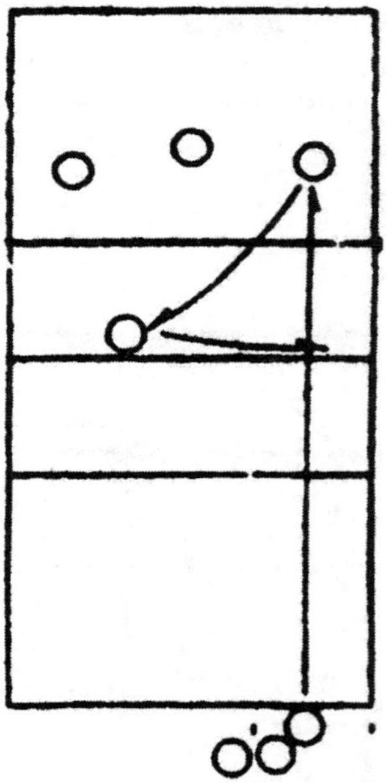

图 3－44

3. 发、接、传、扣串联练习。1名队员固定接发球，二传队员传球，其他队员在各位置准备进攻（图3－45）。

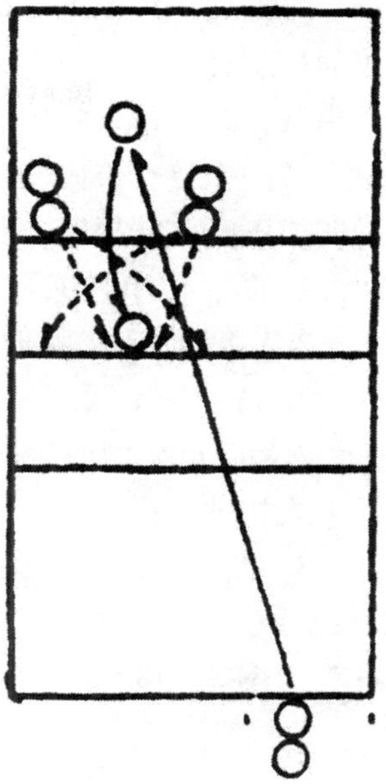

图3－45

二、接扣球进攻战术教学与训练

（一）接扣球进攻战术的教学方法与步骤

扣球是排球比赛中最有效的进攻手段，由于扣球的速度快、力量大、变化多，接扣球进攻的难度要比接发球进攻的难度大。因此，接扣球进攻的教学要有组织、有计划、有步骤地进行。

接扣球进攻战术的教学训练应在拦网、接扣球、二传和扣球技术基本熟练掌握的条件下进行。其基本的教学过程分为以下几个步骤。

以单人拦网接扣球进攻为例。

1. 教师利用图板讲解示范单人拦网接扣球进攻战术的防守站位、防守起球后二传组织进攻战术打法。使场上队员明确每个位置的作用及职责。

2. 队员进行每一轮次的徒手防守阵形站位，并模仿防守起球后的进攻的跑动。

3. 对方加二传，场上防反队员根据对方传球的方向取位布阵，并接起教练员从对方场地抛过来的球组织扣球进攻。即在较为简单容易的条件下，完成该防反战术的打法练习。

4. 对方进行2、4号位扣球进攻，本方队员进行单人拦网接扣球防守反击。即在接近比赛的条件下，完成该防反战术的打法练习。并在此基础上提高该战术打法的难度及全队整体配合的要求。

5. 反复练习，熟练掌握该防反战术。

6. 在比赛条件下运用该防反战术，并不断加以改进提高。

（二）接扣球进攻战术训练的方法与步骤

接扣球进攻是由拦网、后排防守、传球、扣球进攻等4个环节组成。接扣球进攻是高水平队伍训练的重点，训练的环节多、难度大、要求高。必须要由易到难、由简到繁。

接扣球进攻训练一般都经历一个从较少技术环节的串联向较多技术环节串联过渡的训练过程。任何一种接扣球进攻战术都可以由易到难分解为防、传串联，传、扣串联，防、传、扣串联，拦、防、传、扣串联。在某一接扣球进攻战术完成从简单环节向完整环节串联的训练过渡后，再通过对抗练习，就可以运用于实战。并通过实战不断完善提高。其过程如下。

1. 防、传串联练习

2 人 1 组，1 人接教练员隔网扣球，另 1 人接应调整传球（图 3－46）。

2. 传、扣串联练习

2 名队员从网前后撤，1 人接教练员从对方场地抛过来的球，进行调传扣球，另 1 人扣球（图 3－47）。

3. 防、传、扣串联练习

每方 3 名队员，一方接场外抛球组织进攻，另一方防起对方的扣球后传球组织进攻（图 3－48）。

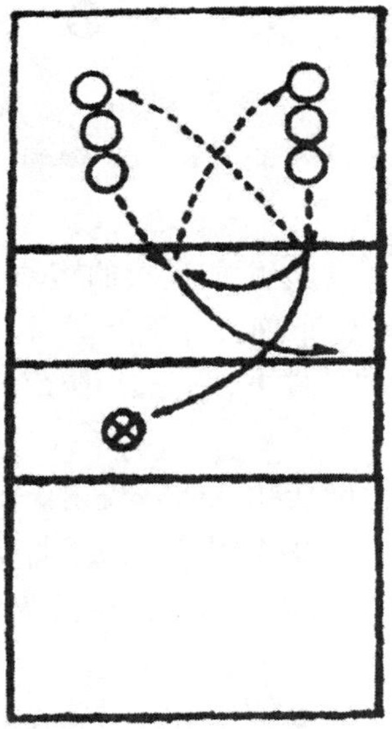

图 3－46

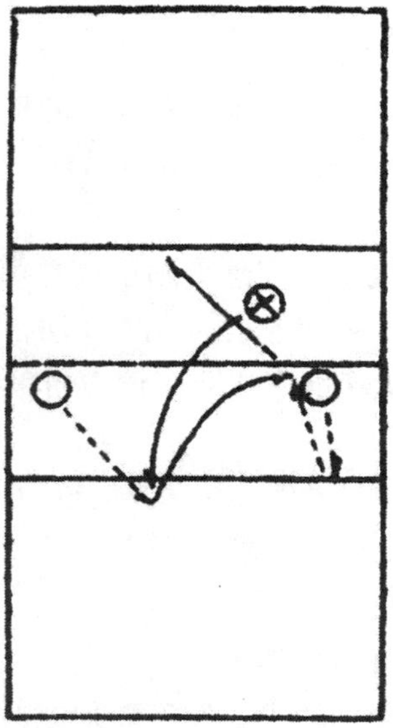

图 3－47

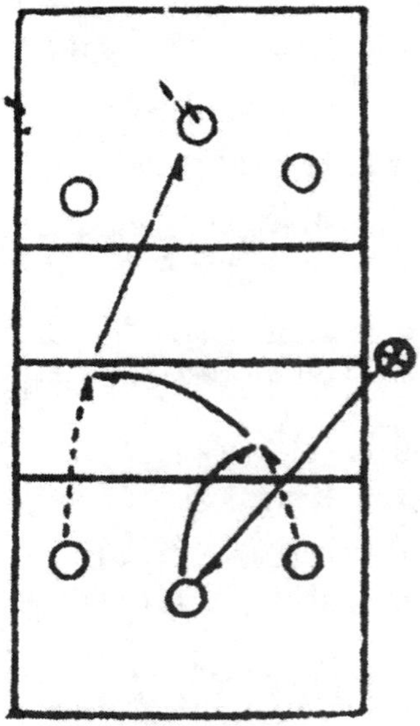

图 3－48

4. 拦、防、传、扣串联练习

教练员高台扣球，对方 1 名队员网前拦网，3 名队员后排防守，然后调传组织扣球（图 3－49）。

5. 攻防对抗练习

双方各 6 名队员，一方按照接发球站位，接起教练员的抛球后组织进攻，另一方根据对方进攻情况，组织拦网和防守，起球后进行扣球进攻（图 3－50）。

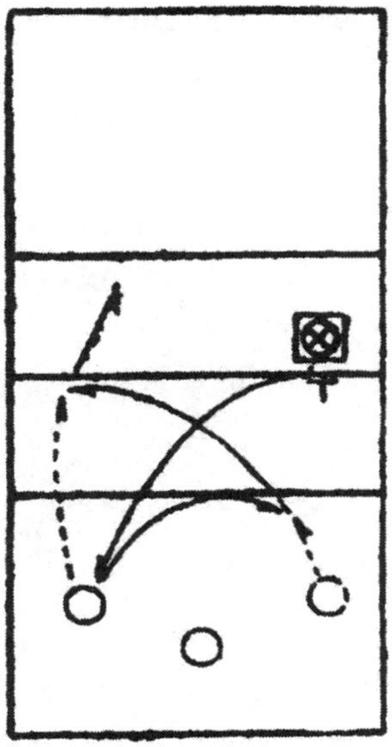

图 3－49

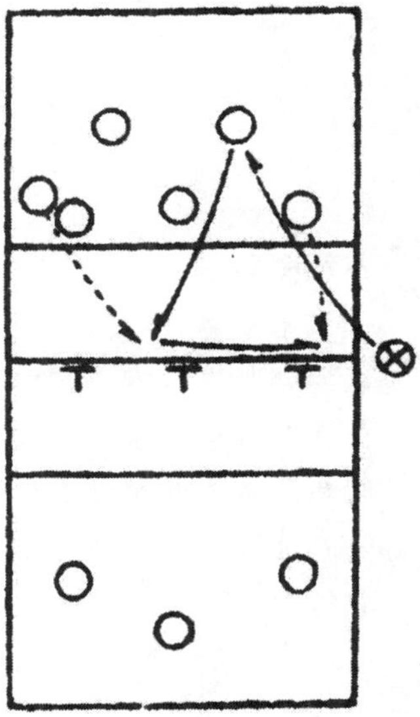

图 3－50

本章思考题

1. 试述排球技术与战术的关系？
2. 什么是阵容配备？“四二”配备与“五一”配备相比有何特点？
3. 5 人接发球的优缺点是什么？
4. 场上位置交换时有哪些注意事项？
5. 简述排球比赛的进攻战术形式与进攻战术打法。
6. 双人拦网防守阵形有几种运用形式？

第四章

排球竞赛

本章概要

本章将介绍排球竞赛9种常见的办赛形式及其适用的范围。以混合制编排方法举办比赛为切入点，重点学习排球竞赛的单循环制编排方法，并简单介绍淘汰制编排方法。学习的主要目的是基本掌握排球竞赛的组织及其编排的主要类型、方法，最终熟练计算出排球比赛每场、每队的得分，并最终正确排列比赛名次。

第一节　排球竞赛的种类

排球竞赛的种类有多样，既有世界性、全国性和省、市举办的大型竞赛，也有地区性的中型竞赛和基层单位举办的小型竞赛。根据竞赛的目的任务不同，一般有以下几种。

一、锦标赛或杯赛

主办单位根据比赛结果给优胜队奖以锦旗或奖杯。如4年一次的世界排球锦标赛和世界杯赛、每年的全国排球锦标赛、全国中学生排球赛等。

二、联　赛

联赛的目的是为了检查成绩，排列名次，促进排球技术水平的不断提高。如每年举行一次的全国甲级联赛、青少年排球联赛。

三、综合运动会

综合性运动会一般都把排球作为比赛项目之一。如奥运会、世界大学生运动会、全运会或省、市运动会、全国大学生运动会等。

四、友谊赛

友谊赛的目的在于互相观摩学习、交流经验、共同提高、增进友谊。如省、市和学校之间的访问比赛。

五、邀请赛

即邀请技术较高的排球队参加本单位的一种比赛。目的是互相学习、交流经验、增进友谊、促进技术和战术水平的提高。

六、选拔赛

选拔赛是为选拔运动员组成代表队而举行，如学校通过班组比赛选拔校代表队等。或高水平运动队为选拔优秀运动员举行的选秀比赛。

七、检查赛

其目的是检查教学、训练效果或者为参加某种比赛作准备而举行的比赛。

八、表演赛

其目的是宣传和普及排球运动、活跃和丰富人民的文化生活。可组织优秀排球队进行表演比赛。

九、大奖赛

大奖赛的目的或者是为了促进排球竞技水平的提高，或者是为了某个商业活动，或是为了让大众欣赏到高水平的排球比赛，由企业出资，体育部门组织高水平的排球队进行比赛。如世界男排联赛和世界女排大奖赛等。

第二节　排球竞赛的编排及组织工作

一、竞赛的组织

在组织排球竞赛时，必须依据竞赛的目的任务及具体要求，结合该竞赛、本学校、本院系的实际情况，有计划、有步骤地进行，保证竞赛工作的质量，顺利完成竞赛任务。

（一）竞赛前的准备工作

1. 成立组织机构

大型的竞赛组织需要多个部门的机构协同完成任务，各组的分工及任务如下。

（1）组织委员会

在筹备期间主要负责制订和执行竞赛工作计划，提出竞赛目的、任务及要求，审查和批准各组工作计划及工作进行的情况。在竞赛期间，领导和检查各组工作，处理和解决竞赛中出现的重大问题。竞赛结束后，领导各组进行工作总结。

（2）办公室

主要负责大会的行政工作。如秘书、宣传、文印、会议、联络、领发奖品等。

（3）竞赛组

主要负责大会的竞赛组织、编排、成绩记录、成绩公布、组织裁判员学习等。

（4）后勤组

主要负责大会人员的食宿、交通、保卫、医疗等服务工作。

（5）场地组

主要负责比赛场馆的器材安装、灯光设置、环境卫生等。

（6）仲裁委员会

主要负责监督竞赛期间对竞赛规程和竞赛规则的执行情况，调查、复审竞赛期间在执行竞赛规程和竞赛规则中出现的纠纷，以及对违纪情况的调查、复审、处理或上报主管部门。

（7）裁判组

主要负责裁判人员学习、执行竞赛规则与裁判方法、协助竞赛组搞好竞赛工作。

2. 制定竞赛规程

竞赛规程是组织竞赛工作的依据，由主办单位根据竞赛的目的、任务而定。一般包括下列主要程序内容。

竞赛日期和地点：根据承办单位具体工作情况确定竞赛日期和地点。

参加单位及分组：根据参加比赛的对象可分为女子组或男子组，院系组、青年组或成年组等等。根据参加单位的性质又可分为甲组、乙组或丙组等。

参加办法：规定报名的人数和职务，规定运动员的条件，明确报名和报到的日期与地点。

竞赛办法：确定竞赛制度（淘汰制、循环制）和决定名次办法，规定比赛采用的竞赛规则。如有特殊比赛内容，需要明确所采用的特殊规则和特殊记分方法。

录取名次与奖励办法：根据规定给予集体和个人的录取名次及奖励办法。如对获前 3 名的优胜队和获最佳奖的个人颁发奖状或奖杯，对获得体育道德风尚奖的集体和个人如何给予奖励等。

比赛的经费开支：根据比赛提前做出预算。

仲裁委员会的设立及规定。

裁判员安排：明确裁判的选派单位和人数等。

其他：规订有关注意事项。如服装颜色、号码和携带物品，以及竞赛规程解释权属主办单位等。

3. 召开有关会议

在各组制定工作计划后，组织委员会要召开会议，了解审查各小组的工作安排，解决工作中的问题。在筹备工作就绪后，还应开会复查工作的落实情况。在比赛开始前，召开赛前动员会，向全体领队、运动员、裁判员以及工作人员提出任务及要求。组织裁判员学习规则，统一认识，统一尺度，并进行分组和实习。召开裁判长、仲裁委员与各队主教练员的联席会议，介绍竞赛中的有关问题，统一竞赛规则及要求等。

（二）竞赛期间的工作

1. 组委会应该经常与各参赛队取得联系，并定期召开领队、教练员、裁判长联席会议，及时处理比赛中所发生的有关问题。组织好宣传报道工作。

2. 竞赛组应深入赛场了解比赛情况。如需调整比赛场地、时间、日期时，应及时通知各队。每天比赛结束后及时登记、公布比赛成绩，如有技术统计材料应及时登记在总表上，便于赛后总结。

3. 后勤组应经常了解各队对食宿、交通、治安等工作的意见，并及时改进。医务人员应该在比赛场地值班，及时处理所发生的伤害事故。

4. 场地组应该经常对比赛场地、设备和器材进行检查和管理。

5. 如有需要仲裁委员会技术代表应在赛场观看每场比赛情况，赛后了解各队对竞赛工作的意见，及时向组委会反馈。

6. 裁判组在每场执行工作后，应对裁判员的临场工作进行讲评。每天工作后应组织全体裁判员小结，改进工作，提高裁判水平。

（三）竞赛后工作

1. 组织各组进行工作总结。
2. 组织领队、教练员、运动员、裁判员的工作经验交流会。
3. 组织和进行大会闭幕式，总结报告和发奖仪式。必要时可组织优胜队表演比赛。
4. 清理比赛场馆，处理器材用具，印发比赛成绩，结算经费开支等。
5. 安排和办理各队离会的有关事项。
6. 向上级单位汇报竞赛工作情况，写出书面报告或工作简报。

二、竞赛的编排

排球竞赛制度、竞赛编排和成绩计算方法，是根据竞赛的任务、性质、规模，竞赛时间的长短，以及财力、人力、物力等不同条件选定办法。常见的竞赛制度一般有3种：循环制、淘汰制和混合制。这3种竞赛制度中循环制是最常用的。循环制又分单循环、双循环和分组循环3种。单循环和分组循环是常见并且重要的比赛制度。

当前国际、国内一些大型排球比赛一般在预赛时采用分组循环制，决赛时采用交叉淘汰制的编排方法，这样的方法被称作混合制。分组循环就是把参加比赛的队分成若干组，分别进行单循环比赛。在小组排定名次后，再进行第二阶段的比赛。一般在参加比赛的队数较多、而竞赛时间较短时采用。在采用分组比赛时，要注意把东道主队和实力较强的队作为种子队，合理分配到各组参加比赛。

单循环比赛就是参加比赛的每个队均要相互比赛一次，最后各队按照全部比赛中的胜负场次积分和得失总分比例来排列名次，是一种比较公平合理的比赛方法。一般在参加的队数不多，而竞赛时间较长的情况下采用。另外，为了增加实战机会，具有夺标性质较高的比赛亦可采用此种比赛方法。分组循环制中各组的比赛也是采用单循环制编排。

（一）单循环比赛的轮次计算方法

每个队都打一场比赛为一轮，单循环比赛轮次的计算方法是：参加比赛队数为单数时，轮次等于队数。如 5 个队参加比赛，比赛就要进行 5 轮。参加比赛队数为偶数时，轮次等于队数减 1。例如：10 个队参加比赛，比赛轮次是 10 - 1 = 9（轮）。

（二）单循环比赛的场次计算方法

一个单循环比赛共有多少场次，其计算方法是：队数 * （队数 - 1）/2 = 比赛场次。例如：8 个队参加的比赛场数是：8 * （8 - 1）/2 = 28（场）。

（三）单循环比赛的“贝格尔”编排方法

目前国际、国内排球单循环制比赛通常采用“贝格尔表”来编排，该表中每一轮次的比赛次序都有其规律的排法。

根据参赛的队数按照单循环比赛秩序的编排方法排出第一轮次比赛表。以后各轮次编排时，先把右上角括弧里的号数，向左或向右摆动一次，然后把右下角的号数按逆时针方向跳进到与括号内的数并排的空位置上，其余号数按原顺序列，再用横线把并排的两个数联起来，这就是下一轮次的比赛表。如果参加队为单数时，则用“0”代替括弧里的一个队，使之成为双数。然后按上述办法排表，与（0）编排对应的队为轮空队。

表 4 - 1　8 个队参加比赛的编排示例

第 1 轮	第 2 轮	第 3 轮	第 4 轮	第 5 轮	第 6 轮	第 7 轮
1 - （8）	（8） - 5	2 - （8）	（8） - 6	3 - （8）	（8） - 7	4 - （8）
2 - 7	6 - 4	3 - 1	7 - 5	4 - 2	1 - 6	5 - 3
3 - 6	7 - 3	4 - 7	1 - 4	5 - 1	2 - 5	6 - 3
4 - 5	1 - 2	5 - 6	2 - 3	6 - 7	3 - 4	7 - 1

（四）编制比赛日程表

各队抽签后，按抽签的号数把队名填入轮次表中，然后排定比赛日程表。编排比赛日程表时应考虑各队在比赛过程中机会均等，如两次比赛之间的休息时间大体一样，白天和晚上的比赛的次数尽量相同，同一单位的男女队应尽量安排在同一场地进行比赛等等。比赛日程确定后要经过反复核对，最后印发到各队和大会各组。

表 4－2　比赛日程表示例

日期	轮次	场序	组别	时间	服色	比赛队	服色	场地
2007－7－17	1	1	D	9：30	深	哈尔滨工大—— 山东大学	浅	1
		2	A	9：30	深	重庆工商—— 郑州航空	浅	2
		3	B	11：00	深	山东农大——浙江大学	浅	1
		4	C	11：00	深	湖南师大—— 北京交大	浅	2
	2	5	A	14：30	深	天津理工—— 太原理工	浅	1
		6	D	14：30	深	天津工大—— 南京大学	浅	2
		7	B	16：00	深	南开大学——黑龙江大学	浅	1
		8	C	16：00	深	北京航空——内蒙古科大	浅	2
2007－7－18	3	9	A	9：00	深	郑州航空——天津理工	浅	1
		10	D	9：00	深	北京交大——哈尔滨工大	浅	2
		11	B	10：30	深	浙江大学——南开大学	浅	1
		12	C	10：30	深	南京大学——北京航空	浅	2
	4	13	A	14：30	深	华东师大——重庆工商	浅	1
		14	D	14：30	深	苏州大学——湖南师大	浅	2

（五）决赛阶段淘汰赛

当前国际、国内一些大型排球比赛均先采用分组循环制，然后再采用交叉淘汰的编排方法。例如，12 个队参加比赛，第一阶段（预赛）分为 2 个小组，每组 6 个队采用单循环制进行比赛。第二阶段（决赛）在第一阶段的基础上则采用交叉淘汰制进行比赛，即第一阶段各组前 2 名进行决赛，第 1 组的第 1 名与第 2 组的第 2 名；第 1 组的第 2 名与第 2 组的第 1 名进行比赛决出前 1～4 名。然后两个小组的第 3、4 名和第 5 名、第 6 名，分别采用同样方法决定第 5～8 名和 9～12 名。

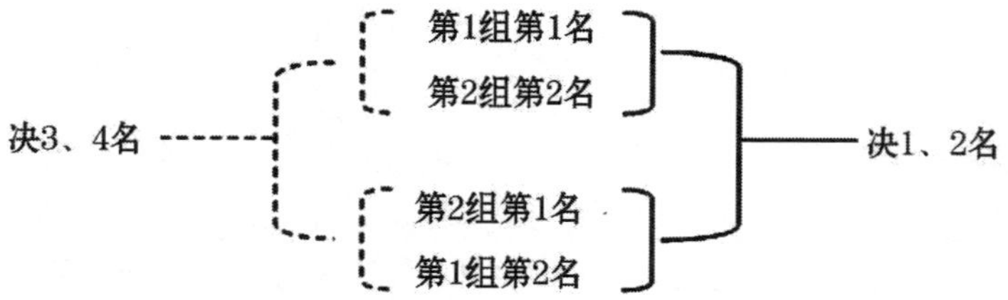

图 4－1　决赛阶段交叉淘汰编排表

当分组超过 2 组时，决赛阶段的比赛可以采用同名次队伍单循环制编排方法进行比赛，也可以采用其他方法，或进行复赛后再进行决赛。

第三节 排球比赛成绩计算方法

国内、国际现行排球竞赛确定名次的方法是一致的，都是按得分的多少来决定名次。正式比赛是 5 局 3 胜制，胜 1 局每局 25 分（决胜局第五局除外），先得 25 分同时超过对方 2 分的队胜 1 局。当比分 24∶24 时，比赛继续进行至某队领先 2 分（26∶24、27∶25）为止。胜一场必须先胜 3 局。如果 2∶2 平局时，决胜局（第五局）打至 15 分并领先对方 2 分者获胜。当一方胜 1 场时得 2 分，负 1 场得 1 分，弃权得 0 分，得分多者名次列前。如遇 2 队或 2 个以上队积分相等，则采用以下办法决定名次：

先算 Z 值：X（总得分数）/ Y（总失分数） =Z 值（Z 值高者名次列前）

再算 C 值：A（胜局总数）/ B（负局总数） = C（值）

表 4－3　比赛成绩计算示例

成绩 队名 \ 队名	红队	蓝队	黄队	绿队	积分	得失总分		Z 值	名次
						胜 X	负 Y		
红队		3：0 / 2	3：0 / 2	2：3 / 1	5	240	185	1.29	1
蓝队	2：3 / 1		3：0 / 2	3：0 / 2	5	240	195	1.23	2
黄队	0：3 / 1	0：3 / 1		0：3 / 1	3				4
绿队	3：2 / 2	0：3 / 1	0：3 / 1		4				3

本章思考题

1. 排球竞赛的种类及意义？
2. 排球比赛竞赛规程的主要内容有哪些？
3. 排球比赛日程表包括的 9 项内容是什么？
4. 采用“贝格尔”编排方法编排 6 支参赛队的比赛？

第五章

排球竞赛规则及裁判

本章概要

本章将介绍排球比赛的场地、器材及球的规定以及排球比赛规则，并通过介绍裁判员手势帮助学生理解排球规则。主要目的是使学生初步了解排球运动必备的器材设备，初步掌握排球比赛的基本规则，比较熟练地运用主要的排球裁判员的手势，为进一步参与排球比赛、服务排球竞赛储备必要的知识。

第一节　场地、设备及球

一、比赛场地

排球比赛场地是一个对称的长方形，包括比赛场区和无障碍区。比赛场区面积为 18 米×9 米的长方形。其四周至少有 3 米宽的无障碍区，比赛场区上空的无障碍空间从地面量起至少高 7 米，其间不得有任何障碍物。比赛场地的地面必须平坦、水平、划一。场地的地面不得有任何可能伤害队员的隐患，不能在湿滑或粗糙的地面比赛。室内比赛场地的地面必须是浅色。室外场地为了排水，每米可以有 0.5 厘米的坡度，不得用任何坚硬的物体作为场地的界线。

（一）比赛场地线

排球场上所有的画线宽 5 厘米。其颜色应该与地面以及其他项目场地画线不同。边线和端线都包括在比赛场区的面积之内。中线在网下连接两条边线的中点。中线的中心线将比赛场区分为长 9 米、宽 9 米的两个相等场区。进攻线在每个场区各画一条距离中线中心线 3 米的进攻线，标出了前场区，进攻线属于前场区。在端线后两条边线的延长线各画一条长 15 厘米、垂直并距离端线 20 厘米的短线为发球区线。

1. 比赛场地的画法

先在场地中间画一条 9 米长的中线 MN，取中点 O 为圆心，以 10.06 米为半径，向 4 个场地角画弧。再分别以 M、N 为圆心，以 9 米为半径画弧，分别同前面的 4 个弧线相交，形成 A、B、C、D4 个点，连接这 4 个点便成了排球比赛场区的边线和端线。再分别以 M、N 为圆心，以 3 米为半径，在各边线上截取 E、F、G、H4 个点，连接 EF、GH 形成进攻线。发球区短线分别画在 4 角边线延长线上，长 15 厘米，距端线 20 厘米（图 5－1）。

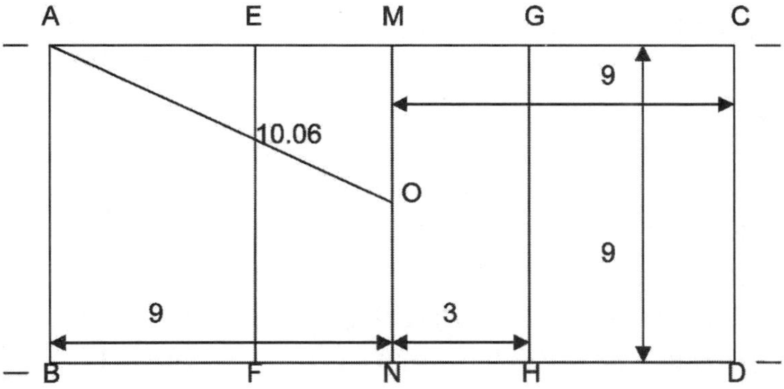

图 5－1　场地画法（单位：米）

2. 检验的方法

检查场地是否符合规格，可以采用以下方法：将钢尺一端固定在场地一角，然后向各点进行丈量。注意实地丈量时中线以中心线计算，其他各线均以外沿计算（图 5－2）。

（二）场地区和区域

中线的中心线与进攻线之间为前场区。前场区向边线外延长，直至无障碍区的边沿。后场区是由进攻线至端线和两条边线之间形成的区域。发球区位于端线后，

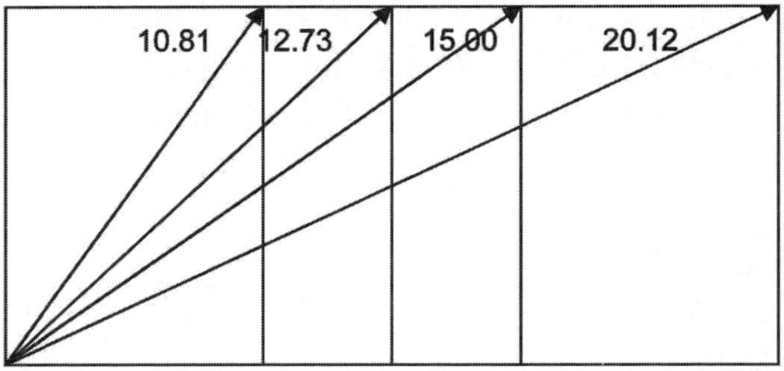

图 5－2　场地检验方法（单位：米）

两条发球线之间，短线的宽度包括在发球区之内。换人区是两条进攻线的延长线之间、记录台一侧边线外的范围内。判罚区域位于记录台后面的左右两侧 1 米处，放有 2 把椅子。其长、宽各为 1 米，线宽 5 厘米，为红色。

二、比赛设备

（一）球　网

球网架设在中线上空，高度为男子 2. 43 米，女于 2. 24 米（青少年业余比赛的网高男子 2. 35 米，女子 2. 15 米）。球网的高度应从场地中间丈量，球网两端的高度必须相等，并不得超过规定网高 2 厘米。球网为黑色，宽 1 米，长 9. 5 ~ 10 米（每条标志带外 25 ~ 50 厘米），网眼直径 10 厘米。球网上沿的全长缝有 7 厘米宽的双层白帆布带。球网下面用直径 0. 5 厘米的线绳从小网格中穿过，上下拉紧，固定在网柱上。网面应张紧，使击入球网的球能够反弹出来。

（二）网　柱

网柱分别架设在两条边线外 0. 5 ~ 1 米处，高 2. 55 米，最好可以调节高度。网柱应为圆柱形，光滑并无拉链。一切危险设施和障碍物都必须清除。

（三）标志带

两条宽 5 厘米、长 1 米的白色带子为标志带，分别系在球网的两端，垂直于边线。标志带被认为是球网的一部分。

（四）标志杆

标志杆是有韧性的两根杆子，长 1.8 米，直径 1 厘米，由玻璃纤维或类似材料制成。两根标志杆应该分别设置在标志带外延球网的不同侧面。标志杆高出球网 80 厘米。高出部分每 10 厘米应涂有明显对比的颜色，最好为红白相间。标志杆被认为是球网的一部分，并视为过网区的边界。也可以看成是向上空无限延长（室内至天花板）的过网区的边线。基层比赛时可用细、直的竹竿代替。

（五）裁判台

裁判台是一个长约 80 厘米、宽约 70 厘米、调节范围在 1.10～1.30 米高度之间的升降台。业余比赛可用跳箱、课桌等代替，但宽度不宜过长，以防止运动员撞伤。高度应以裁判员的水平视线高出球网上方 50 厘米为宜。

三、球

现在国际标准用球虽历经百年，进行了千百次的改进，但球的规格和第一代的球几乎差不多。现在比赛用球由柔软皮革或合成革制成外壳，内装用橡皮或类似物质制成的球胆。颜色是一色的浅色或彩色，圆周为 65～67 厘米，重量为 260～280 克。气压为 0.30～0.325 千克/平方厘米（294.3～318.82 毫巴）。比赛时应统一用球。

第二节　排球比赛主要规则

一、主要竞赛规则纲要

（一）说　明

我国排球竞赛现阶段执行的规则是 2005～2008 年的国际排联排球竞赛规则及排球竞赛规则解释，由中国排球协会翻译，经体育总局审定，在全国各级比赛中执行。2008 年夏在迪拜举行的第 31 届国际排联大会审议通过了 2009－2012 版新规则，并决定修订后的规则于 2009 年 1 月 1 日起施行。但我国目前还没有完成新规则的翻译。本章后面将简单介绍主要变动的新规则。

（二）主要内容

规则的主要内容包括：比赛的性质、竞赛组织（比赛条件、参加人员、比赛方法）、竞赛规则（比赛行为、比赛间断、延误比赛）、道德行为——参加者的行为等。下面将分别介绍和分析。

（三）比赛方法

每队击球 3 次过网（拦网触球除外）。球必须从网上击入对方场区，目的在于使球落在对方场区地面上或使球触及对方队员身体后出界。发球队胜 1 球得 1 分，失败则失 1 分换成对方发球。决胜局亦同，每球得发同时得分球权。换发球时该队队员按照顺时针方向轮转一个位置。

二、参赛人员

比赛队的组成：运动员、教练员、助理教练员、训练员、医生。

比赛队的领导：教练员、助理教练员、队长。队长上场担任场上队长，仅有场上队长在死球时可以和裁判员讲话。当队长不在场时教练员或队长应指定另 1 名队员担任场上队长。

（一）比赛方法与组织（表 5－1）

表 5－1　比赛方法与组织

项　目	内　容
抽签	参加人：第一裁判员（主持）、第二裁判员、记录员、双方队长。 胜方选择：发球或场区、接发球或场区。
准备活动 （正式用场地）	合练：6 或 10 分钟。 分练：各队练 3 或 5 分钟（首先发球的队先练）。
位置表	教练员填写并签字，一经交出不得更改。 若填写有误时：纠正、不判罚；或请求正常换人。
上场阵容	必须 6 名队员按顺时针轮转。
场上位置（图 5－3）	前排 3 人（4、3、2 号位），后排 3 人（5、6、1 号位）。
位置错误的依据	发球击球时队员脚着地部位。
轮转错误的判罚 （发球次序错误）	该队失 1 球，恢复正确位置。

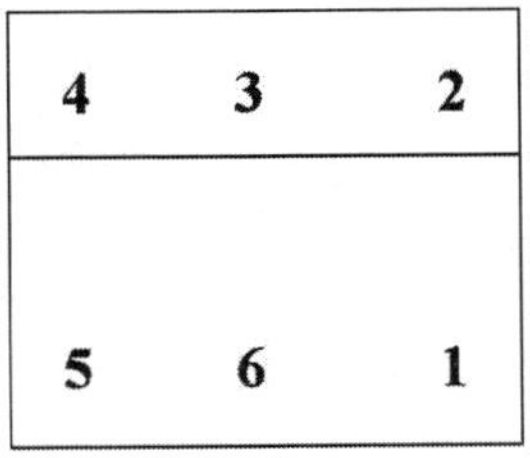

图5－3　场上位置

（二）队员的替换（表5－2）

表5－2　队员的替换表

项　目	内　容
替换的限制	每局每队6人次换人； 上场阵容主力队员每局再次上场时必须回到原位置； 替补队员每局上场一次，下场时由原位置队员替换。
特殊替换（队员受伤）	进行合法替换； 超出规则限制的替换。
被判罚出场的替换	必须进行合法替换，否则为阵容不完整。
出现不合法替换的处理	判该队失1球，纠正该替换错误，取消因此所得的分数。

三、比赛行为及规则

（一）比赛状态（表5－3）

表5－3　比赛状态

项　目	内　容
比赛开始	裁判员鸣哨：发球队员击球。
比赛中断	裁判员鸣哨：出现犯规、球落地或触障碍物等。
界内球	球触及场区地面包括界线。
界外球	球触场地界线以外；球从过网区以外飞入对方区域； 球触及非参赛人员、场外物体、天花板、标志杆、网柱、网绳、标志杆以外球网部分。

（二）发　球（表5－4）

表5－4　发球

项　目	内　容
定义	后排右队员执行，在发球区内用一只手或手臂击球。
发球次序	按填表顺序，发球队胜1球时由原发球队员发球； 按发球队胜1球时获发球权并顺时针轮转发球。
发球时的规定	发球队员发球时不受位置错误犯规限制； 跳发球可在发球区外助跑，但起跳点及击球时必须在发球区内； 发球的一刻，场上运动员必须在自己正确的位置上。
发球犯规（击球时）	发球次序错误；发球时球未抛起或持球手未撤离； 发球队员脚踏及发球区以外区域；发球8秒犯规；发球试图。
发球掩护形式（发球队发球时）	某一队员挥臂，跳跃或左右移动成个人掩护； 2名以上队员密集站立成集体掩护，球从个人或集体掩护上空飞过； 作用：阻挡对方观察。
发球击球后犯规（失误）	球未过网或触及本方队员身体；球触网；界外球；发球掩护。
发球时犯规和位置错误同时发生	判发球犯规。
发球后犯规，对方出现位置错误	判位置错误犯规。

（三）比赛中的击球（表5－5）

表5－5　击球

项　目	内　容
击球次数	每队最多击球3次过网（拦网除外）。第一次击球时，允许身体不同部位，同一击球动作连续触球。2名或3名队员可以同时触球并计为2次或3次击球，若只1人触球，则只计为1次击球。
击球的性质	球可以接触身体任何部分；球必须击出；球可以向任何方向弹出；球可以同时触及身体不同部位；第一次击球时（包括拦网），同一动作，球可以连续触及身体不同部位。
击球的犯规	4次击球；借助击球；持球；连击。

项　目	内　容
双方队员网上同时击球	网上同时触球比赛继续进行，仍可击球 3 次； 球触及标志杆或同时持球，则双方犯规，该球重新进行； 同时触球后，球飞向某方场区外侧判为对方击球出界； 某方击球 3 次后又在网上与对方同时触球，则判为 4 次击球犯规。

（四）球网附近的球（表 5 -6）

表 5 -6　球网附近的球

项　目	内　容
球通过球网	球必须通过过网区进入对区； 球从过网区以外进入对方无障碍区允许将球击回。
允许球触及球网（除发球以外）	
球入球网	球入网后可再行击球； 球击破球网或使网坠落，该球重新进行。

（五）球网附近的队员（表 5 -7）

表 5 -7　球网附近的队员

项　目	内　容
越过球网（网上沿）	允许过网拦网，进攻性击球后允许手对球过网。
网下穿越	允许进入对方空间；允许手、脚的部分越过中线，进入对方场区； 允许进入对方无障碍区；比赛成死球时允许进入对区。
犯规	过网击球——触球点在对区上空；过网拦网——对方进攻之前或同时；越过中线；网下穿越妨碍对方比赛；触网——有击球试图的主动触网（包括触及 9. 5 米的网长及标志杆）。

（六）拦　网（表5－8）

表5－8　拦网

项　目	内　容
定义	靠近球网，手伸向上高于球网，阻挡对方来球的行动。
形式	拦网试图（未触及球）；完成拦网（触及到球）； 集体拦网（2 或 3 人靠近，其中 1 人触球即完成拦网）。
状态	拦网队拦网触球后，本方还可击球 3 次； 拦网队员触球后还可再次击球； 对方完成进攻性击球后或第 3 次击球后可过网拦网触球。
犯规	过网拦网（对方完成进攻性击球前或同时）； 后排队员完成拦网（个人或参加集体拦网）； 从标志杆外伸入对方空间拦网；拦对方发球； 拦网出界：球落对区界外、触标志杆、触手出界。

（七）进攻性击球（表5－9）

表5－9　进攻性击球

项　目	内　容
定义	直接击向对方的球（发球和拦网除外），球的整体通过球网直面或触及对方队员，则为完成进攻性击球。
进攻性击球的允许	前排队员：任何高度的球；本方场地空间。 后排队员：进攻线后任何高度的球； 进攻区内——触球时的一部分必须低于网上沿。
犯规	过网击球；击球出界（或触标志杆）； 扣发球（前场区、球整体高于网上沿）； 后排队员在前场区完成进攻性击球，并且球的整体高于网上沿。
后排队员进攻性击球犯规	踏及或踏入进攻区；触球时球的整体高于网上沿； 完成进攻性击球。

四、比赛间断和延误比赛

（一）正常的比赛间断（表5－10）

表5－10　正常的比赛间断

项　目	内　容
暂停	每局每队最多2次；每次30秒；可连续请求或换人连续请求； 队员必须退出比赛场区；记录于记分表上。
技术暂停	用于国际排联世界性比赛和国内大型比赛（全国排球联赛、优胜杯比赛、全国或大型运动会等）。
换人	每局每队最多6人次；在换人区内进行，运动员手举换人牌； 每次可请求多人换人，并逐一替换；队员上下场次数、位置必须合法； 教练员不允许进行场外指导；记录于记分表上。
请求方法	成死球时，裁判员鸣哨发球前，只有教练员和场上队长有权请求，请求时必须出示法定手势。

（二）不符合规定的请求（换人、暂停）（表5－11）

表5－11　不符合规定的请求

项　目	内　容
内容	比赛进行中请求；裁判鸣哨发球同时或之后请求；无请求权的人请求； 同一队未经比赛过程再次请求换人； 超过规定正常间断次数的请求（如第3次暂停、第7人次换人）。
处理方法（同一局中）	首次，拒绝不作判罚；再次出现时按延误比赛警告至判罚。

(三) 延误比赛 (表 5-12)

表 5-12 延误比赛

项 目	内 容
类型	换人延误时间；拖延暂停时间；请求不合法的替换； 同一局中再次提出不符合规定的请求；场上队员拖延比赛。
引起延误的主要原因	暂停；换人；系鞋带；擦地板等。
延误判罚 (同一局中)	延误警告（第 1 次）； 延误判罚（第 2 次延误比赛、该队失 1 球）。 延误的判罚在同一局中对全队有效，采用升级判罚，下一局重新开始计算。

(四) 例外的比赛间断 (表 5-13)

表 5-13 例外的比赛间断

项 目	内 容
受伤及处理	裁判员应立即中断比赛，该球重打，进行正常换人或特殊换人，否则给 3 分钟休息（1 队员全场 1 次），否则为阵容不完整。
外因造成比赛间断 (4 小时以内) (4 小时以上)	原场地：保持原比分、原队员、原位置； 改换场地：保持该局开始时阵容和位置，保留已结束的各局比分。 全场比赛重新开始。

(五) 局间休息与交换场区

1. 局间休息

每局局间休息 3 分钟，从上一局裁判鸣哨比赛结束时开始，到下一局裁判员鸣哨发球时止。局间的工作是交换场区和填写位置登记表。

2. 交换场区

每局比赛结束后。决胜局某队获 8 分时（不休息，按原位置继续比赛）。决胜局未及时交换场区，应在此错误被发现时立即进行交换，保留交换场区时 2 队已得比分。

五、参加者的行为

（一）行为要求

1. 了解并遵守规则。

2. 服从裁判员的判定，不得影响其判断或掩盖本队犯规行为。

3. 对裁判员判断有疑问时只能通过场上队长提请解释，不得持续询问，必要时按规则行使场上队长的合法权力。

4. 对工作人员、对方队员、同队队员及观众要尊重、有礼貌。

5. 比赛中同队场上场下队员可以进行交流（指导、欢呼等）。

6. 比赛队的教练员、替补队员和其他人员应在各自规定的位置上。

7. 比赛进行中，在准备活动区的替补运动员不能持球活动。

（二）不良行为

1. 非道德行为：争辩、恫吓、吐口水等。

2. 粗鲁行为：有侮辱性表示。

3. 冒犯行为：诽谤、侮辱的言语和行为。

4. 侵犯行为：人身侵犯或企图侵犯。

（三）判罚的实施

1. 不良行为的管理应由临场裁判员共同进行，但只由第一裁判员执行判罚。

2. 各种不良行为的判罚均对参加者个人执行，如升级判罚，全场有效。

3. 冒犯行为和侵犯行为的判罚出场或取消比赛资格，第一次出现即执行。

4. 任何局前和局间的不良行为，都应进行判罚并记录在下一局中。

5. 任何等级的判罚均应记录在记分表上。

（四）判罚的等级

判罚等级见表 5－14。

表 5－14　判罚等级

<table>
<tr><th>不良行为等级</th><th>次数</th><th>处理方法</th><th>出示红黄牌</th><th>结果</th></tr>
<tr><td rowspan="4">非道德行为</td><td>第 1 次</td><td>警告</td><td>黄牌</td><td>防止重犯</td></tr>
<tr><td>第 2 次</td><td>判罚</td><td>红牌</td><td>失 1 球</td></tr>
<tr><td>第 3 次</td><td>罚出局</td><td>一手持红、黄牌</td><td>取消该局比赛资格</td></tr>
<tr><td>第 4 次</td><td>罚出场</td><td>双手分持红、黄牌</td><td>取消全场比赛资格</td></tr>
<tr><td rowspan="2">粗鲁行为</td><td>第 1 次</td><td>判罚</td><td>红牌</td><td>失 1 球</td></tr>
<tr><td>第 2 次</td><td>罚出局</td><td>一手持红、黄牌</td><td>离开比赛场地、队员席和准备活动区（一局）</td></tr>
<tr><td>冒犯行为</td><td rowspan="2">第 1 次</td><td rowspan="2">取消资格</td><td rowspan="2">双手分持红、黄牌</td><td rowspan="2">离开比赛场地、队员席和准备活动区（全场）</td></tr>
<tr><td>侵犯行为</td></tr>
</table>

1. 警告（黄牌）：用于非道德行为，不进行判罚。

2. 判罚（红牌）：用于粗鲁行为、同一人员非道德行为的再犯。判该队失 1 球。

3. 判罚出场（一手持红、黄牌）：用于非道德行为的第 3 次或被判罚后出现、粗鲁行为的再犯。受罚人员必须离开比赛场地，不得参加该局比赛。如同队任 1 名队员重犯则升级进行判罚，“取消全场比赛资格”。

4. 取消比赛资格（双手分持红、黄牌）：用于冒犯或侵犯行为、粗鲁行为已被判出局的人员。受罚人员必须离开比赛场地，不得继续参加该场比赛。

（五）判罚程序

1. 第一裁判员在比赛成死球时立即鸣哨。

2. 招呼被罚运动员靠近裁判台。

3. 出示适当的红、黄牌，并用规范语言明示。

4. 第二裁判员指示记录员在记分表上登记。

5. 若判罚等级未按规则执行，则由第二裁判员核实后通知第一裁判员，以便纠正之前的决定。

6. 第一裁判员不接受第 5 条的提示时，记录员必须在备注栏上注明。

7. 场下成员出现不良行为时，第一裁判员应召集队长并完成程序 3，同时指示队长通知被罚人员，且必须站起来，举手接受这个判罚。

（六）判罚加级制举例

判罚针对个人执行，并且全场有效。例如某队某队员在该场比赛中连续出现非道德行为时：第 1 次，警告——黄牌；第 2 次，判罚——红牌；第 3 次，罚出局（判罚出场）——手执红、黄牌；第 4 次，罚出场（取消比赛资格）——双手分持红、黄牌。

又例如，某队员在该场比赛中出现粗鲁性行为时：第 1 次，判罚——红牌；第 2 次，罚出局（第 2 次为非道德性行为时，同样加级判罚）。

六、2009－2012 版新规则主要变化

1. 如果 2 名不同队的队员在网上同时触球并造成持球，该球继续，不判为双方犯规。

2. 队员脚以上的身体其他部位可以接触对方场区，在不妨碍对方比赛的情况下。放宽了过中线的判罚尺度。

3. 队员可以触及网柱、网绳或标志杆外的其他任何物体、包括网本身，只要没有影响到比赛。放宽了触网犯规的尺度。

4. 快速换人法简化换人程序。节省时间，提高速度。准备上场的队员进入换人区即认为是实际上提出了换人请求。这个过程能节省教练员和第二裁判员的交接配合时间。

5. 球队的组成变成可以报名 14 名队员，其中必须包括 2 名自由防守队员，队员的号码也相应地改为 1～20 号。自由防守人允许由替补自由防守人替换。

6. 队长的权利适当削减，只有在教练缺席时，场上队长才请求暂停或换人。使场上队长作为 1 名队员更全身心地投入比赛中。

第三节　排球裁判的手势及鸣哨

排球裁判是由以下成员组成：第一裁判员、第二裁判员、记录员、辅助记录员、司线员 2 名（或 4 名）。如果想成为一名合格的排球裁判员只有正确地学习排球规则才能顺利地完成比赛中的执裁的任务。

排球裁判员主要是通过手势和哨音进行临场工作的，裁判员的手势和哨音关系到能否控制好比赛的节奏，并且使比赛紧张而有秩序地进行。因此，每个裁判员必

须很好地掌握和运用手势和哨音。裁判员的手势是规则的具体体现，也是规则精华的详细展示。其中包括第一裁判员、第二裁判员的手势和司线员的旗示。另外必须有果断、及时、响亮的哨音配合。哨音可以根据场上具体每个球的情况，可长可短、抑扬顿挫。

同学们在执裁各种各样的比赛时一定要对规则中的概念非常清晰，因为在比赛中参赛队员和球出现的情况千变万化。一般情况下，人的触网、位置错误、后排队员进攻违例、持球、连击、过中线等。球的界内外、触障碍物等等这些犯规比较常见，遇到这些问题时思想上要作好充足的准备，认真学习和掌握以下的规则要点足以解决正常所遇的情况。

一、第一裁判员和第二裁判员的手势

1. 允许发球：指出发球方向（图 5－4）

要点：第一裁判员检查发球队员已经在发球区持球，而且双方队员已作好比赛准备时，鸣哨允许发球。

（1）

（2）

图 5－4　允许发球

2. 发球队：平举与发球队同侧的手臂（图 5－5）

要点：第一裁判员检查发球队员已经在发球区持球，而且双方队员已作好比赛准备时，鸣哨允许发球。如果是第一裁判员鸣哨终止比赛，他应指出：（1）应发球的队；（2）犯规的性质；（3）犯规的队员。（必要时）第二裁判员跟随并重复其手势。

3. 交换场区：两臂屈肘，在身体前后绕旋（图 5－6）

要点：每局结束后比赛队伍交换场区，决胜局除外。决胜局中某队获得 8 分时两队交换场区，不休息，队员在原来的位置继续比赛。

4. 暂停：一臂屈肘抬起手指向上，另一手掌放在该手指尖上，然后指明提出请求的队（图5－7）

要点：只有教练和场上队长可以请求间断。请求暂停时必须在比赛成死球后、裁判员鸣哨允许发球前，并使用对应手势。

图5－5　发球方

5. 换人：两臂屈肘在胸前绕环（图5－8）

要点：只有教练员和场上队长可以请求间断。请求暂停或换人必须在比赛成死球后、裁判员鸣哨允许发球前，并使用相应的手势。在裁判员的允许下，1名队员离开比赛场地，而由另1名队员经过记录员登记后占据其位置的行为称换人。（后排自由防守队员的进出除外）。

图5－6　交换场区

图5－7　暂停

图5－8　换人

6. 不良行为的判罚：一手持黄牌举起（图5－9）

要点：用于全场比赛中任一个成员的粗鲁行为，判该队失1球。使用判罚牌。

7. 判罚出场：一手持红牌举起（图5－10）

要点：任何成员被判罚出场，都必须坐在判罚区域内，不得继续参加该局的比赛，没有另外的判处。教练员被判罚出场，坐在判罚区域内，失去该局的指挥权力。使用判罚牌。

8. 取消比赛资格：一手持红、黄牌举起（图5－11）

要点：任何成员被取消比赛资格，必须离开比赛控制区域，不得继续参加该场比赛，没有另外的判处。使用判罚牌。

图5－9　不良行为判罚

图5－10　判罚出场

图5－11　取消比赛资格

9. 一局（场）比赛结束：两臂在胸前交叉，手伸开，掌心向内（图5－12）

要点：每局（决胜的第五局除外）先得25分同时超过对方2分的队胜1局。当比分24：24时，比赛继续进行至某队领先2分（26：24、27：25）为止。胜3局的队胜1场。

10. 发球时球未抛弃：一臂慢慢举起掌心向上（图5－13）

要点：球被抛起或持球手撤离后，必须在球落地前，用一只手或手臂的任何部分将球击出。

11. 发球延误：举起8个手指并分开，掌心向前（图5－14）

要点：发球队员必须在第一裁判员鸣哨允许发球后8秒钟内将球发出。

图5－12　比赛结束

图5－13　发球时未抛起

图5－14　发球延误

12. 发球掩护或拦网犯规：两臂上举，掌心向前（图 5 – 15）

要点：在对方进攻性击球前或击球的同时，在对方空间完成拦网。后排队员或后排自由防守队员完成拦网或参加了完成拦网的集体。拦对方的发球。从标志杆以外伸入对方空间拦网。后排自由防守队员试图进行个人或参加集体拦网。发球队员个人或集体不得利用掩护阻挡对方观察发球队员和球的飞行路线。

13. 位置或轮转错误：一手食指在体前水平绕环（图 5 – 16）

要点：当发球队员击球时，如果队员不在其正确位置上，则构成位置错误犯规。当发球队员击球时的犯规与对方位置犯规同时发生时，则发球犯规被认为在先。位置错误的判罚是该队失 1 球，队员恢复到正确位置。轮转错误的判罚是该队失 1 球，队员的轮转次序被纠正。记录员应准确确定错误发生的时间，从而取消该队自错误发生后的所有得分。对方得分仍然有效。如果不能确定错误发生的时间，则仅判该队失 1 球。

14. 界内球：手臂和手指向地面（图 5 – 17）

要点：球触及比赛场区的地面包括界线为界内球。

图 5 – 15　发球掩护或拦网犯规

图 5 – 16　位置或轮转错误

图 5 – 17　界内球

15. 界外球：两臂屈肘上举，掌心向身体（图 5 – 18）

要点：球接触地面的部分完全在界线以外。球触及场外物体、天花板或非场上比赛队员。球触及标志杆、网绳、网柱或标志带以外的球网部分；球的整体或部分从过网区以外过网。球的整体从网下空间穿过。

16. 持球：屈肘慢举前臂，掌心向上（图 5 – 19）

要点：球被接住和抛出，而不是被弹出。

17. 连击：举起 2 个手指并分开，掌心向前（图 5－20）

要点：1 名队员连续击球 2 次，或球连续触及其身体的不同部位。

图 5－18　界外球

图 5－19　持球

图 5－20　连击

18. 4 次击球：举起 4 个手指并分开，掌心向前（图 5－21）

要点：1 个队连续击球 4 次。

19. 队员触网和发球没有过网，一手触犯规队一侧的球网（图 5－22）

要点：队员击球时或干扰比赛情况下触及球网或标志杆。球触及发球队员或球的整体没有从过网区通过球网垂直平面。

20. 过网击球：手置于球网上空，掌心向下（图 5－23）

要点：对方进行进攻性击球前或击球时，在对方空间触及球或对方队员。

图 5－21　4 次击球

图 5－22　队员触网或发球未过网

图 5－23　过网击球

21. 进攻性击球犯规：一臂上举，前臂向下摆动（图5－24）

要点：后排队员在前场区完成进攻性击球，并且击球时球的整体高于球网上沿。对处于前场区高于球网上沿的对方发球完成进攻性击球。自由防守队员对高于球网上沿的球完成进攻性击球。本队其他队员在高于球网处，对同队自由防守队员在前场区用上手传球完成进攻性击球。

22. 进入对方场区或球从网下通过、发球队员踩线：指向中线、指端线（图5－25）

要点：球的整体从球网下空间穿过。在不妨碍对方比赛的情况下，允许队员在网下穿越进入对方空间。穿越中线进入对方场区。队员身体的任何其他部位都不允许接触对方场区。此外对方队员的整个脚、手或头都不能过中线。发球队员在击球时或击球起跳时，不得踏及场区（包括端线）和发球区以外地面。

（1）

（2）

图5－24　进攻性击球犯规

图5－25　进入对方场区

23. 双方犯规：两臂屈肘，竖起拇指（图5－26）

要点：如果双方队员同时犯规，判为“双方犯规”，该球重新比赛。如果2名不同队的队员在网上同时触球并造成“持球”则判为双方犯规，该球重新比赛。

24. 触手出界：用一手手掌摩擦另一屈肘上举的指尖（图5－27）

25. 延误警告和判罚：两臂屈肘举起，用一手手掌遮盖另一手腕，掌心向身体（警告）或用黄牌指手腕（判罚）（图5－28、5－29）

要点：在一场比赛中，对1个队的第1次延误比赛给予“延误警告”的判罚。在一场比赛中，同一队任何1名队员或其他成员造成任何类型的第2次以及其后的延误犯规，则给以“延误判罚”。

图 5－26　双方犯规

图 5－27　触手出界

图 2－28　延误警告

图 2－29　延误判罚

二、司线员的旗示

1. 界内球：向下示旗（图 5－30）

要点：球触及比赛场区的地面包括界线为界内球。

2. 界外球：向上示旗（图 5－31）

要点：球接触地面的部分完全在界线以外。

3. 触手出界：一手举旗另一手置于旗顶（图 5－32）

要点：触及接球队员身体后出界的球，示以“触手出界”。

4. 发球时脚的犯规或球触及标志杆等：一手举旗晃动，另一手指相关线或标志杆等（图 5－33）

要点：球触及场外物体、天花板或非场上比赛队员。球触及标志杆、网绳、网柱或标志带以外的球网部分。球的整体或部分从过网区以外过网。发球队员在击球时或击球起跳时，不得踏及场区（包括端线）和发球区以外地面。示意发球击球时队员脚踏出场区（发球队员除外）。队员击球时或干扰比赛的情况下，触及司线员一侧的标志杆。

图 5-30　界内球

图 5-31　界外球

图 5-32　触手出界

5. 无法判断：两臂胸前交叉（图 5-34）

（1）　　（2）

图 5-33　球触标志杆或发球踩线

图 5-34　无法判断

本章思考题

1. 排球场的长、宽，球的重量和男、女成年组的网高分别是多少？

2. 排球运动规则中对运动队的组成、场上站位、位置轮转有何规定？

3. 排球比赛如何胜 1 场，1 局多少比分，采用的得分赛制是什么？

4. 排球裁判员执裁手势有多少种？从发球开始到成为死球请按顺序举出 4 个例子？

第六章

排球教学

本章概要

本章介绍排球教学工作，主要包括排球课的主要形式和基本结构，排球教学的顺序和基本方法、排球教学文件及其制订、排球教学的评价等内容。这部分内容由于其比较抽象，是本教材中的难点，但对提高学生的教学能力有很好的指导作用，尤其是后续的教学文件范例，可以帮助学生理解排球教学工作。

第一节 排球教学的任务和内容

一、排球教学的任务

排球教学是在课程目标的指引下，由教师的教和学生的学共同组成的教育活动，是学生在教师的指导下，学习知识、技能，获得身心全面发展的过程。这个过程需要完成以下几项主要任务。

（一）通过排球教学，增强学生体质，使学生掌握排球技术和战术，学会参加排球比赛。从而掌握一项科学锻炼身体的方法，培养经常锻炼身体的习惯。

（二）通过学习排球基本理论和基本知识，掌握排球基本技术、基本战术和基本技能，做到能示范、会讲解、能组织教学，具备初级的排球技术、战术教学能力。

（三）通过排球教学，树立良好的体育道德风尚，提高学生的心理健康水平，培养团结合作的集体主义精神，提高学生的社会适应能力及沟通能力。塑造良好的竞争意识。

（四）通过排球教学，掌握开展学校课外活动和组织基层排球比赛的一般方法，具备担任排球裁判工作的能力。

（五）了解沙滩排球、软式排球等不同形式排球运动的活动方法。

二、排球教学的内容

（一）排球基本技术：准备姿势，移动，发球，垫球，传球，扣球，拦网等。

（二）排球基本战术：阵容配备，接发球防守阵形，单人拦网接扣球防守阵形，双人拦网接扣球防守阵形，“中一二”进攻战术，“边一二”进攻战术等。

（三）排球技术、战术串联方法、意识和比赛。

（四）排球竞赛规则及竞赛组织。

（五）排球运动发展概述及发展趋势等基本理论。

第二节　排球技、战术教学顺序及基本方法

排球技术、战术的教学顺序依据排球比赛的规律，技术与技术、技术与战术之间的关系，技、战术学习的难易程度，学习的迁移理论等进行设计。

一、排球技术教学顺序

在技术分析部分，已经给出了每项技术的教学顺序，如何安排所有技术的教学顺序，应从能够参加比赛的角度分析。首先需要发球和接发球技术。因为垫球技术比传球技术的防守范围大，初学时可以先学习下手发球和正面垫球技术，然后学习传球技术、扣球技术和拦网技术。

二、排球战术教学顺序

这里所讨论的战术教学顺序，是指集体战术的教学顺序。从参加比赛的角度、攻防对抗关系、以及战术学习的难易程度分析，我们首先学习 5 人接发球防守战术。初步掌握网前二传和扣球技术时，可以学习简单的“中一二”进攻战术，即不进行位置交换，谁轮转到 3 号位谁就是二传队员。当初步掌握“中一二”进攻战术并学习拦网技术后，可以学习单人拦网的防守战术。

随着一部分学生技术熟练程度的提高和对战术理解的加深，需要专职二传队员组织进攻时，可以进行换位的“中一二”进攻战术教学。之后可以学习或介绍双人拦网防守阵形，以及“边一二”进攻战术。“插上”进攻战术也可以作为介绍内容在高一层次或男生中进行教学。这是竞技排球比赛中最常用的进攻阵形。

排球技、战术的教学不是割裂开进行，而是相互穿插，也应遵循一定的规律。技术是战术的基础，要学习什么战术就必须掌握相应的技术。例如，在学生初步掌握发球、接发球垫球技术后，即可以学习接发球战术阵形。要学习“中一二”进攻战术，就必须初步具备网前二传能力，以及在4号位和2号位扣球的技术。

三、排球教学基本方法

排球教学方法是实现排球教学任务和目标的方式、途径和手段。包括教师教的方法和学生学的方法，而其中示范、讲解是最主要的方法。

排球教学工作的最终目的是掌握正确的技、战术，纠正错误的技术动作。在排球教学中，运动技能的形成首先使学生对所完成的动作有一个初步的概念，概念的形成首先是感受器接受信息传入，再经大脑分析综合，做出决策，最后通过肌肉收缩产生动作。感觉信号的传输包括听觉信号的传输、视觉信号的传输和本体感觉信号的传输。

（一）听觉信号传输方法

听觉信号的传输贯穿在排球教学课的全过程。包括讲解动作要领和练习方法、提出练习要求、评价反馈动作质量和练习效果、节奏帮助等。

1. 讲　解

教师向学生说明教学任务，讲解技术动作名称、在比赛中的作用、动作方法、技术要领、讲解练习方法等。讲解可以完整讲解，适用于简单技术；可以分解讲解，适合于复杂技术；可以运用口诀概要讲解，如扣球挥臂的“鞭打”动作，扣球助跑起跳的“一小二大三踏跳”；可以对比讲解，指出差异、正误、优劣等。

运用讲解时应注意如下几点。

（1）讲解要有明确的目的性。

（2）讲解的内容要正确，并符合学生的理解程度。

（3）讲解要简明扼要，形象深动，通俗易懂。

（4）讲解要富有启发性和感染力，能够调动学生的学习欲望。

（5）讲解的时机要恰当。

2. 提出要求

每个练习都应提出适当的要求，才能保证教学任务的完成。这些要求包括：动作幅度、击球效果、练习数量和质量、心理感受、相互帮助、集体目标等。

提出要求时应注意如下几点。

（1）难易程度要适当。

（2）区别对待。

（3）有针对学生个人的要求，有针对合作小组的要求，有集体要求。

3. 节奏与口令

排球运动是一项节奏感很强的项目，培养良好的节奏感可以帮助学生更快地掌握技术动作，在找球和控制球的过程中提高击球质量。培养学生节奏感的主要方法是运用听觉信号刺激，如口令、击掌、哨声等。

在给予节奏信号刺激时应注意如下几点。

（1）设置的节奏要符合排球比赛实际。

（2）根据学生掌握技术的熟练程度，节奏由慢到快，逐步接近比赛节奏。

4. 评价反馈

评价反馈可以来自于教师，也可以来自于学生之间。包括对动作质量、练习效果、学习态度、互助合作方法等的评价和反馈。

评价反馈时应注意如下几点。

（1）有明确的评价标准，以便教师和学生统一掌握。

（2）评价要客观，反馈要及时。

（3）多鼓励，少批评。

5. 复　述

教师请学生口头复述技术动作的名称、方法、要领，复述练习的要求等。复述的过程是学生由动作表象形成动作概念的过程。自我暗示也是一种复述，用内部语言进行，如学生在做动作之前，默想整个动作的过程或动作的要领。

应用复述方法时应注意如下几点。

（1）复述的内容要明确，且最好是关键技、战术，或技术的重点和难点，通过复述可以帮助学生们加深理解。

（2）对学生的复述要给予评价，这种评价可以由学生给出或教师给出。

（3）应用自我暗示方法时应注意时机恰当，应该是学生已经形成正确的动作表象或动作概念时，以及学生已有成功的经验时。

6. 讨　论

教师组织学生讨论是一种启发式的教学方法。通过分析、比较、归纳，帮助学生更好地掌握并运用排球技、战术。

应用讨论方法时应注意如下几点。

（1）一定要有主题，也可以分组分别设立主题。自由发言不利于达到启发式教学的目的。

（2）要鼓励学生充分发言，鼓励学生有争议。

（3）讨论结束后，教师应该进行归纳总结。

（二）视觉信号传输方法

人体接受信息的80%来自视觉，教学中合理运用视觉信号传输方法是非常重要的。这些方法主要包括动作示范、正误对比、技术战术和比赛的多媒体演示等。视觉信号的传递还可以帮助学生控制练习质量。

1. 动作示范

可以是完整动作示范，也可以是分解动作示范。可以教师示范，也可以学生示范，还可以多媒体演示。可以正常速度示范或演示，也可以慢速度示范或演示。

动作示范时应注意如下几点。

（1）示范的位置要合适，便于全体学生观察，符合比赛规律。

（2）示范面要正确，便于学生观察技术的动作轨迹和关键环节。选择媒体资料时也要注意示范面合适。

（3）示范动作要正确、优美，选择媒体资料时应选择规范动作，并能使学生清楚观察。

（4）合理运用完整示范和分解示范，动作的分解不是越细越好。

（5）示范要与讲解有机结合，帮助学生把注意力集中在技、战术重点上。同时，讲解可以深入动作的细节，帮助学生理解所示范的动作。在运用视觉信号传输方法时都要注意与讲解相结合。

（6）示范不仅在技、战术教学开始时，在练习过程中也要有足够的示范。

2. 正误对比

正误对比是预防和纠正错误动作常用的方法。在技术教学开始时示范常出现的错误动作可以起到预防的作用。比较错误动作时，可以教师模仿，也可以请有错误动作的学生进行展示。

应用正误对比方法时应注意如下几点。

（1）明确比较的目的，为了学习优美的技术动作，纠正错误动作。

（2）抓典型动作，及时进行正误对比。

（3）教师的模仿要准确，针对错误动作，而不是针对出错误动作的学生。

3. 演示练习标准

排球教学中，评价技术掌握正确与否，或是纠正错误动作时，击球的效果是很好的评价标准，所以教师经常采用演示击球的标准帮助学生形成正确动作或纠正错误动作。如击球的弧度、高度、距离、目标等。

演示击球标准时应注意如下几点。

（1）标准要根据学生的实际水平而定。

（2）教师的动作要优美、轻松。

（3）让学生理解练习标准的实战意义。

（三）运动感觉信号传输方法

运动感觉是判断身体的空间位置和身体与外界环境相互关系的感觉。它来自肌肉本体感受器的感觉，是形成和熟练掌握运动技能的重要物质基础。“球感”就是以运动感觉能力为主的综合知觉。

1. 助力方法

教师根据正确的动作轨迹、方向、速度、幅度等，给学生辅以外力，帮助其完成动作。如垫球时重心跟随球的动作过程、上肢鞭打动作的过程等。

应用助力方法时应注意如下几点。

（1）给予助力前要告知学生，避免因没有思想准备而受伤。

（2）给力的大小要适当。

（3）要求学生放松做动作，并认真体会教师给予的帮助。

2. 限制性方法

从外界对击球方向、动作幅度、动作速度等对学生的练习加以限制的方法。如为了建立正面传球的发力方向，限制学生远距离平推传球，把传球距离限制在 3 米以内。为了限制学生扣球时起跳前冲，规定落地时的限制线等。

采用限制性练习方法要与分析技术动作和技术目标相结合，使学生知其然并知其所以然。最终成为学生的自控动作。

3. 运动技能迁移方法

在排球基本技术教学中，把动作结构基本相同、技术环节基本相似的技术动作放在一起教学，有利于运动技能的正迁移。

如正面上手发球的挥臂击球动作与扣球的挥臂击球动作基本相同，这两项技术放在一起进行教学，可以起到相互促进的正迁移作用。

另外，根据技术动作结构的相似性采用诱导性辅助练习，加快技术动作的掌握。如正面传球技术教学时，让学生传足球，可以帮助学生形成正确的传球手型，以及全身协调发力的动作。

应用技能迁移方法时应注意如下几点。

（1）认真分析和归纳相似技术。

（2）与听觉信号传输方法结合，帮助学生体会运动感觉。

（3）运动技能的迁移存在负迁移现象，所以要避免将可能造成负迁移的相似技术放在一起进行教学。如扣球的挥臂动作与上手飘球的挥臂动作。

（四）游戏和竞赛方法

游戏和竞赛方法是排球课教学常用的方法，是多种信号通道参与的方法。可以激发学生对排球运动的兴趣，调动学生的学习积极性，提高技术、战术运用能力和理解程度，培养学生观察、判断、决策等思维能力，锻炼学生的身体和心理素质。

1. 游戏方法

游戏方法很多，在排球教学课中选择游戏时应注意如下几点。

（1）游戏的选择要有明确的目的，或促进课任务和主要教学内容的完成，或帮助学生掌握技术和战术，或促进学生的身心发展。

（2）游戏要有规则，并认真、公正、准确地执行规则，得出客观的游戏结果。游戏中鼓励学生在规则允许范围内，充分发挥自己的主动性和创造性去争取比赛的胜利。

（3）精心组织游戏，注意安全。

2. 竞赛方法

比赛是技术、战术教学的最终目的，也是学生最感兴趣之处。学习排球比赛还应该是排球课的主要内容之一。竞赛可以帮助学生理解排球运动，真正体会排球运动的乐趣。

选择竞赛方法时应注意如下几点。

（1）竞赛应贯穿在排球课程的始终，规则可简单、可复杂，人数可多、可少。

（2）组织竞赛时目的明确，可单项技术比赛，可简单技术串联比赛，可局部战术比赛，可运用不同分组进行比赛等。不同的比赛形式可以达到不同的教学目的。

（3）教师必须认真指导比赛，不可放任自流。通过教师的不断引导逐步达到比赛目的。

（4）为了培养学生的学习兴趣和自信心，竞赛结果应该多样化，不一定是比分。还可以是击球次数，来回球次数，运用传球技术，组成进攻，拦网触球，防守起球等等。

第三节　排球课的形式与结构

一、排球课教学形式

排球课的类型包括理论课、教学课、教法课、观摩课（包括看录像等）、比赛课和考核课等。

（一）理论课

理论课以教师讲授为主，也可以安排讨论课。主要内容是排球运动基本知识。

（二）教学课

教学课是最主要的教学形式。通过示范讲解和一定数量的练习，使学生掌握排球基本技术和战术，纠正错误动作，教学课还担负着培养学生各种能力的任务。

（三）教法课

教法课是一种能力培养课，通过教师的教学示范，用于探讨教学训练方法，培养学生的教学训练能力。

（四）观摩课

观摩课是学生了解高水平排球运动的重要形式，可以观摩比赛、观摩高水平的比赛录像、观摩高水平的训练课等。使学生直观地了解排球运动的特点，帮助学生更好地理解排球的技术动作和战术形式。

（五）比赛课

比赛课可以帮助学生学会综合运用排球技战术，培养学生的排球比赛意识，逐步提高比赛水平，还可以提高学生学习排球课的兴趣，培养学生的裁判能力等。比赛课也是交流教学经验、检查教学效果的良好形式。

（六）考核课

考核课的主要目的是评价教学效果，让学生了解学习成果，为进一步的教学改革提供依据。考核可以是考查也可以是考试，可以是阶段性的也可以是终结性的。在课程的不同阶段穿插考核，可以反馈学习情况，进行必要的教学调整，督促学生的练习，以期达到更好的教学效果。

以上介绍的排球课形式，也可以作为教学形式在一次课中组合运用。如在一堂课中同时运用教学形式、比赛形式、考核形式等。其他教学形式还有学生教学实习、学生互助、小团队学习等。

二、排球教学课的结构

无论是理论课、教学课、比赛课还是考核课，都由以下 3 个部分构成。

（一）准备部分

准备部分的目的是明确该课的任务和要求，组织学生把注意力集中到排球课上，使身心均进入适当的兴奋状态，为基本部分作好准备。要让学生清楚本次课与上次课的关系，以及在整个课程中的作用，以便学生有明确的学习目标。

准备活动的时间，在 45 分钟的课中，一般安排 8 ~ 10 分钟，在 90 分钟的课中，一般安排 15 ~ 20 分钟。根据气候条件适当调整。

（二）基本部分

基本部分的目的是建立正确的动作概念，掌握动作要领，提高技、战术应用能力，掌握排球运动的基本理论。要把排球文化的传播、排球战术意识的培养、基本技能和综合能力的培养、以及育人工作贯穿在其中。

基本部分的时间安排，在 45 分钟的课中，大约安排 30 分钟，在 90 分钟的课中，大约安排 65 ~ 70 分钟。不同类型的课有所区别。

（三）结束部分

结束部分的目的是通过有组织的教学活动，使学生的身体机能恢复到相对安静状态，同时分析和评价学习、练习质量，课任务完成的情况，下次课应该改进的地方，并适当布置课后作业或预习内容。结束部分一定要认真对待，不能虎头蛇尾。

结束部分的时间大约在 5 分钟左右。

第四节　排球教学文件及其制订

科学、规范的教学文件对于保证排球课程的教学质量至关重要，制订教学文件是教学过程的重要环节。排球课教学文件主要包括教学大纲、教学进度和教案等。

一、教学大纲

教学大纲是多年教学经验的总结，是科研成果运用于实践的结晶。由学校或教育部门根据社会对人才的需要统一制订，相对稳定，具有一定的权威性。经过一个教学周期后，根据实际情况进行调整或修订。教学大纲是教师组织教学的依据，也是检查教学工作和评价教学质量的重要依据。

（一）制订教学大纲的基本要求

1. 充分体现专业培养方案规定的培养目标和要求。准确提出排球课程总的教学目标和任务。

2. 根据课程教学目标，精选教材内容，把主要的、基础的、先进的知识内容列入教学大纲。注意教材内容的实用性、系统性和科学性。安排的教学内容主次分明，便于落实。

3. 合理地分配教学时数，注意理论与实践的适当比例，确保教学任务的完成。

4. 重视考核内容、方法及评定标准的设计。使考核结果能够有效地衡量学生的学习水平，同时成为指导学生学习排球运动的有效指挥棒。考核应全面反映学生的学习效果。

（二）教学大纲的主要内容

教学大纲主要包括以下内容。

1. 课程性质

说明课程开设的对象是公共必修课，或专业必修课，或限制性选修课，或选修课；课程的学时和学分等。

2. 课程目标

教学目的任务包括知识学习、能力培养、素质教育等各方面的目的任务。

3. 教学内容

包括理论部分、实践部分、能力培养部分的内容。应根据排球运动特点、排球运动发展趋势及教学对象，以及培养目标和教学时数选择教学内容。为了适应不同水平的教学对象，突出教学重点，教学内容可以分为主要内容、次要内容、介绍内容或自学内容等。教学内容的选择应该全面、具体、明确、主次分明。

4. 学时分配

为了达到教学目标，落实教学任务，必须在时间上给以恰当的分配和严格的保证。根据教学任务要求，确定理论、实践各部分的课时分配。使理论与实践各部分形成恰当合理的比例关系。

5. 考核方式

根据教学目标全面设计考核方式。应包括理论知识，技、战术及运用能力，组织竞赛能力，教学和裁判能力等方面的考核。规定考核的内容、方法、评定标准等。

6. 教学措施

完成大纲的组织和物质条件，如教师、场地、设备等。学生能力培养的具体落实，教学方式、方法上的具体措施和补充意见，实施大纲的注意事项等。

7. 参考书目

选用的教材以及与大纲规定的教学内容相关的参考书。用以扩大学生知识面，补充教材内容和教学方法。

二、教学进度

教学进度是把教学大纲规定的教学内容和学时分配，具体落实到每一节课的教学文件。它根据教学大纲规定的排球知识、技术、技能等内容，以及认知学习的基本规律而设计的逻辑序列，是教师撰写教案的重要依据。

（一）制订教学进度的基本要求

1. 制订教学进度既要考虑各项技术、战术自身的教学顺序，又要考虑技术之间、技术和战术之间的关系。还要考虑教学的重点和难点。

2. 技术内容安排由多到少，主要教材要早出现，让学生有充分的时间练习和提高，并为战术学习奠定基础。战术内容安排由少到多，主要战术也应早出现。战术意识的培养要贯穿在课程的始终。

3. 进度的安排既要主次分明，互相搭配，又要将新授教材与复习教材密切结合，攻、防技术结合，技术、战术结合，技、战术学习与技、战术运用结合，提高技术与培养技能结合，理论与相关技、战术实践结合。

4. 进度的安排要突出重点教材，其授课时数要多，以确保学生真正掌握。次要教材适当安排，介绍性教材一般安排 1 ~2 次，或看录像等。

5. 每次课一般安排 1 个新教材，1 个复习教材为宜，最多不超过 3 个教材。安排 1 个重点教材，1 个次要教材或介绍性教材，1 ~2 个复习教材。内容明确，便于备课。

（二）教学进度形式

1. 循序渐进式教学进度（表 6 –1）

表 6 –1　循序渐进式教学进度表

类别	周次 / 课次 / 教学内容	一		二		三		四		——	
	课次	1	2	3	4	5	6	7	8	——	
理论部分	排球运动概述	△									
	排球基本技术及教学										
	排球基本战术及教学							△			
	——										
技术部分	准备姿势、移动		△	○	○						
	下手发球		△	○							
	上手大力发球				△	○	○				
	——										
战术部分	“一三二”接发球					△	○				
	“中一二”接发球进攻										
	单人拦网防守										△
	——					△	○				
考核											

注：△为新授教材；○为复习教材

2. 名称式教学进度（表6－2）

表6－2　名称式教学进度表

课次	教学内容	课程形式
1 2 3		

两种进度形式各有特点，循序渐进式进度将所有教学内容合理地分解到每一次课中，使每一次课的内容明确具体，非常规范。而名称式教学进度只规定每次课的主要教学内容，其他内容可以由教师根据学生的实际情况和教学条件选择安排，更加灵活可行。

三、教　案

教案是每次课的具体计划，根据进度规定的内容、上次课任务完成的情况、以及学生的具体情况而编写，是落实课程目标的最基本、最重要的教学文件之一。它包括课的任务和具体要求，各部分教学内容的安排，各项教材的顺序，教学步骤，练习方法，练习的次数、组数，课时分配，组织教法等。

排球课一般分为准备部分、基本部分和结束部分，教案也根据这 3 个部分撰写。撰写教案的过程实际上就是教师备课的过程，教师在备课时的种种考虑在教案中体现出来。备课时应思考以下问题。

（一）分析教材的重点和难点

根据教学进度中当次课的主要教学内容，认真分析教材的重点和难点，以便确定课的任务，合理分配课时，选择练习方法。

（二）明确课的任务

教案中首先要确定课的任务。衡量课上得好坏，就是要检查课任务完成得如何。在确定课的任务时，既要有技术方面的，还要有教育和技能方面的；要考虑学生的实际情况，还要考虑上次课的任务完成情况。确定的任务应该是大多学生经过努力能够完成的，而且要明确、具体，便于检查。

课的任务的描述要简明扼要，具有针对性。如技术、战术教材一般用“学习”、“初步掌握”、“改进”、“提高”等；技能和素质方面的内容一般用“培养”、“加强”、“促进”、“增强”等。

（三）合理选择练习方法

选择练习方法时要考虑各项技术、战术的教法步骤，选择实用性强、符合学生实际水平的练习方法。选择练习方法时还要考虑以下方面：能够很好地完成课的任务；有利于增加触球次数；提高课的练习密度；注重练习效果，一次课中不宜安排过多的练习方法；选择练习方法要与学生分组、运动负荷安排、场地器材使用等结合起来考虑；要时刻考虑安全因素。

特别提示，充分利用准备活动时间，选择合适的练习方法，不仅可以达到热身的目的，还可以增强球感，提高控制球能力，培养集体主义精神和竞赛意识，发展柔韧性、小肌肉力量、灵敏性和协调性等身体素质。

（四）明确各部分时间分配、练习分量及要求

各部分或每个练习的时间安排需要考虑以下因素：课内容的重点；课内容的难易程度；练习方法的难易程度和学生对练习方法的熟练程度；练习的次数和组数与练习时间成正比；还要把对练习进行的示范、组织和评价时间考虑进去。

对每个练习都应该提出要求，数量的或质量的。提要求时注意与课的任务吻合，学生能够完成，并注意区别对待。

（五）确定学生的分组

学生练习分组形式可以有以下几种。

1. 依据队列自然分组，一般队列队形呈 2 排或 4 排，也可能是 3 排，身高由高到低。可以同列、同排、或列与排的结合进行分组。这种分组简单、省时，身高均等。

2. 依据性别分组。同性别分组有利于根据性别选择不同的练习方法，提出不同的练习要求。混合性别分组有利于调动学生练习的积极性，发挥不同性别之间的优势，相互促进、相互弥补。在对身高和体能要求较高的练习中应该使用同性别分组。如扣球、扣防对抗、较高水平的比赛练习时。

3. 依据学生水平分组。相同水平分组，有利于根据不同水平提出不同的练习要求。给有困难的学生组给予特别的指导帮助。为水平较高的学生组增加练习难

度，调动积极性，促进其更快发展。“以好带差”分组可以促进学生间相互交流与帮助，既发挥学生榜样的作用，又提高学生的能力，同时提高整体的技术、战术水平，还可以增加水平稍差学生的自信心，让这些学生在同伴的带领下完成串联和比赛，享受排球运动乐趣。这种分组适合在课程学习的中后期使用。

4. 依据专位分组。主要可以分为二传组与攻手组，重点是为了对二传组的学生进行专门的训练。这种分组有利于学生专门技能的提高，也符合排球比赛中职能分工的实际需要。实际运用时可以变换学生的专位，促进学生相互间的理解，促进技术全面发展。这种分组适合在课程的后期使用。

5. 学生自愿组合分组。这种分组有利于学生间的相互交流，克服一些心理障碍。这种分组形式适合在课程初期使用，或在期末考试时有些项目允许学生自由组合。

需要注意的是：分组形式的选择要根据一堂课的教学内容和课的任务的需要；要考虑提高学生的练习积极性，不伤害学生的自尊心；一堂课中学生练习的分组尽量一致，或便于改变分组人数，防止由于过多的变换分组浪费时间，影响课的练习密度。分组人数安排时要考虑在场地和球等条件允许的情况下，尽可能地增加学生的练习次数和触球次数，有利于提高技术的熟练程度。

（六）考虑课内容及练习之间的衔接

备课时要科学地安排教学内容，把新授课教材安排在精力最旺盛、注意力比较集中的时候。可以先复习旧教材，再学习新教材。也可以穿插进行，或先学习新教材。要考虑排球运动的特点、教材之间的关系、技能掌握的规律和上课的时间等因素。练习之间衔接紧凑，可以减少浪费时间，提高练习密度。

（七）合理安排场地器材

既要充分利用场地，又要保证必要的练习空间，防止出现伤害事故。备课时考虑学生人数、球的数量、场地大小，是否有诸如挡网、墙、篮板等可利用。

（八）合理安排练习密度及运动负荷

合理安排课的运动量，使运动负荷高峰出现在基本部分。运动负荷的控制要由小到大，逐步上升。也要安排不同强度、性质的练习互相交替。使学生得到适量的休息和调整。

在认真思考练习方法的选择、练习的分组、课内容及练习之间的衔接、场地器材条件等问题后，练习密度就有了基本的保证。

第五节　排球教学的课堂组织与管理

一、执行教案

教案是根据教学大纲和教学进度的规定，由教师精心设计的结果，上课时应该认真执行。认真执行教案的过程就是课堂有效管理的过程。当然，教学实践初期，可能难以保证完全按照教案进行教学，主要原因是由于缺乏教学经验，备课时不能很好地把握，需要不断总结和提高。只有认真执行教案，才能发现备课中的问题，有利于总结提高。

由于教学是师生双方的共同活动，实际教学时总会出现一些与备课不同的情况，如学生的出勤、伤病情况等，客观条件也可能发生一些变化，这就需要教师随机应变，以教学任务为目标，及时调整练习方法和学生分组等。

二、调动学生的积极性

调动学生的学习积极性是教师必须具备的能力，只有学生的积极参与才能保证教学任务的完成，保证学生掌握所学的理论知识、技术和战术，保证达到课程设计的运动负荷，达到锻炼身体的目的。

调动学生的积极性，可以从以下方面入手。

1. 教师上课要充满激情，言传身教，发挥榜样的作用。

2. 示范要标准、优美，语言生动、精炼，具有可操作性。

3. 教学方法得当，能够促进学生的提高。能够尽快帮助学生克服学习中的困难，及时帮助学生纠正错误动作，使学生不断进步。

4. 启发和引导学生积极思考，突出学生的主体地位。加强与学生的沟通，促进相互间的了解和理解，师生互动，使教学活动和谐统一。

5. 及时发现学生的进步和优点，不断给予鼓励。

三、反馈学习和练习效果

反馈具有提供信息和强化的作用，可以帮助学生提高学习效果。学生每次练习后，及时了解自己的练习结果，对正确动作起着强化作用，能使正确动作得到巩固，对错误动作起着抑制作用，使错误动作得到纠正，加速动作的分化过程。

反馈还起着激发动机的作用，积极的反馈可以调动学生的情绪，增强学生的信心。

反馈有练习中的反馈和练习后的反馈，各自起着不同的作用。教师要合理运用反馈手段，提高教学效果。

四、掌控课堂纪律确保课堂安全

对课堂纪律的控制是为了保证学生有序地进行活动，可以最大限度地保证课堂安全。控制课堂纪律并不是限制学生的活动和创造性的发挥。严格执行课堂常规，让学生形成习惯。课前提出明确的纪律要求，讲清楚遵守纪律的必要性，让学生自觉行动。

第六节　排球教学课的评价

排球教学课的评价是排球教学的重要环节，通过评价可以发现教师在教学中存在的问题，激励教师不断改进教学，同时可以评价学生学习的成果和不足之处，激发学生学习的动机，从而提高教学水平。

一、教学评价的内容

（一）对学生学习的评价

对学生学习的评价包括排球基本理论掌握的深度和广度；排球技术动作规格掌握情况；技术熟练程度及运用能力；教学、裁判等能力水平；学习态度与课堂表现等。

（二）对教师教学的评价

对教师教学的评价包括教学态度；教法运用能力；课堂组织管理能力；与学生沟通能力；教学文件的质量等。

二、教学评价的方法

（一）教师评价

教师评价是排球教学主要的评价方法，是学生学习成绩的主要依据。评价方法和标准的合理性，以及评价时严格执行非常重要。评价方法和标准在教学大纲中作出规定。

教师的评价包括阶段性评价和终结性评价。

阶段性评价是为了及时反馈学生的学习效果，在课程进行中分阶段进行，不可或缺。也是学生课程成绩的一部分。包括对学生讲解示范等教学能力的考核、裁判能力的考核、比赛水平的考核、学习态度的考核等。

终结性评价是学生课程成绩的主要部分，包括理论考试，可以采用开卷或闭卷的笔试形式，也可以采用口试形式，主要考察学生掌握基本理论的情况。技术评定主要考核学生掌握技术动作的规格，由多名教师根据大纲规定的动作环节进行评定。技术达标主要考核学生掌握技术的熟练程度，用击球的次数和击球效果进行评定。

（二）学生自评互评

学生自评互评是近年来提出的重要的评价形式，尤其在高校排球课中，学生已经具备了评价的能力，通过学生的自评和互评，可以加深学生对排球技术战术的理解，提高学生的学习兴趣，培养学生的评价能力。

（三）学生评教

学生评教是评价排球教学的重要手段，也是目前高校中普遍采用的方法，可以促进教师教学水平的提高，继而提高排球课的教学质量。

本章思考题

1. 排球教学文件有哪几种？彼此间是怎样的关系？
2. 准备一堂排球教学课时需要考虑哪些因素？
3. 排球技术教学有哪些方法？应该如何运用这些方法？
4. 你认为排球课程的考核应该包括哪些内容？

第七章

沙滩排球与软式排球

本章概要

本章包括沙滩排球和软式排球2个部分。分别介绍了沙滩排球运动和软式排球运动的发展概况及在我国的发展，它们的特点，主要技、战术和特色技术以及主要规则等。通过对本章节的学习，使学生能够对沙滩排球和软式排球这2项运动形式有一个基本了解，为有机会尝试这2项排球运动形式作准备。

第一节 沙滩排球运动发展概况

一、沙滩排球运动起源

（一）沙滩排球运动的兴起

沙滩排球运动起源于20世纪20年代美国的加利福尼亚洲，开始时沙滩排球仅仅是一种民间娱乐活动，一到夏季人们就成群结队地涌向海滩，架起球网，在柔松的沙滩上、明媚的阳光下赤着脚打球，尽情地跳跃、滚翻、扑救，打完球后还可到海里游泳、冲浪，别有一翻情趣。

由于沙滩排球运动这种娱乐形式具有较强的趣味性、健身性，受到了越来越多人的喜爱，在许多沙滩俱乐部都设置了专门的沙滩排球场地，为喜爱这一运动的人们提供了场所。正因为沙滩排球有着自身独特的特点和魅力，很快这种运动在巴西沿海、地中海沿岸以及太平洋沿岸国家传播开来。

(二) 2人沙滩排球比赛的诞生

在美国加利福尼亚的海滩上有许海沙滩俱乐部。1930年夏季的一天，保罗·约翰逊、查尔斯·凯恩、比尔·布拉斯、乔尼·艾伦等4名年青人来到名为水边海滩俱乐部（Edgewater Beach Club）的一个沙滩排球场上进行一场沙滩排球比赛。4人当中，保罗身高1.85米，高于其他3人。他建议：平时比赛总是6或7人进行，并且主要是他一人扣球，为了使大家都能够有机会，这次比赛分为2组，进行2对2对抗。于是根据保罗的建议，4人分成2组开始了2对2的比赛，这种比赛形式的趣味性远远超出了他们的想象。很快，2人制沙滩排球在水边海滩俱乐部、圣克莫尼卡海滩俱乐部、海边漫步海滩俱乐部等其他俱乐部中流行起来。

二、世界沙滩排球运动的发展

沙滩排球运动自诞生以来，最早的比赛出现在美国的加利福尼亚海滨和巴西沿海地区，20世纪50年代左右也出现在了地中海沿岸及太平洋沿岸的一些国家。1965年，美国加利福尼亚沙滩排球运动协会成立，在沙滩排球比赛的规则上进行了统一。20世纪70年代~80年代初是沙滩排球运动从单纯的民间娱乐活动发展成集娱乐、竞技于一体的体育活动的关键时期。1974年在美国的圣地亚哥举办了首届商业化2人制沙滩排球比赛，奖金是1500美元，观众250人。这次比赛促进了沙滩排球运动职业化的进程。1976年在美国加利福尼亚举办的沙滩排球比赛，奖金达到了5000美元，观众3万人。到了1979年的曼哈顿沙滩排球公开赛，奖金超过了1万美金。20世纪80年代是国际排联在世界范围内开始宣传普及这一崭新的排球运动形式的时期。1983年美国成立了职业沙滩排球联合会。1986年女子职业沙滩排球联合会成立。这些协会的成立标志着沙滩排球运动从业余转入职业时代。1987年2月在巴西举办了第1届世界沙滩排球锦标赛。1988年国际排联正式成立了世界沙滩排球运动联合会。1990年将“世界男子沙滩排球锦标赛”更名为“世界男子沙滩排球巡回赛”，由巴西、意大利和日本负责承办。这种办法大大增加了现场和电视观众的人数，加快了沙滩排球运动的普及速度。

20世纪90年代开始，沙滩排球运动进入了一个快速发展的历史阶段。承办“男子世界沙滩排球巡回赛”的国家先后又增加了法国、澳大利亚和西班牙。1992年，沙滩排球成为巴塞罗那奥运会的表演项目，同年，首届女子沙滩排球锦球赛也在西班牙举行。1993年在国际奥委会第101次代表大会上，沙滩排球被确定为

1996 年亚特兰大奥运会正式比赛项目。1996 年已有 50 多个国家的体育联合会成立了沙滩排球理事会，指导和组织各自国家沙滩排球运动的开展。1996 年亚特兰大奥运会大约有 42 个国家的 600 多名运动员参加了资格选拨赛。决赛于同年 7 月 23 日 ~28 日在美国亚特兰大萨瓦纳海滩上举行。至此，沙滩排球运动达到了一个新的高度。

目前沙滩排球运动竞技水平较高的国家都集中于欧美等沿海发达国家。1996 年奥运会沙滩排球男子比赛，美国包揽了金、银牌，加拿大获铜牌；女子比赛，巴西选手获金、银牌，澳大利亚获铜牌。就总体水平而言，巴西、美国处于领先地位，澳大利亚、意大利、德国、捷克等国紧随其后。这些国家的沙滩排球竞技水平高与其普及程度密切相关。例如，仅巴西就有近 1000 块沙滩排球场地，1992 年世界沙滩排球系列赛巴西站的现场观众达 10 万人次，列当年各比赛站点之首。1996 年亚特兰大奥运会仅 6 天，现场观众就达 10 万余人次。澳大利亚是沙滩排球运动发展速度较快的国家之一，参与沙滩排球运动的人在 1993 年已达数十万。

世界沙滩排球巡回赛的每一站比赛都设有高额奖金，且逐届增加。沙滩排球比赛的高额奖金主要来源于国际知名企业、跨国公司的赞助费及电视转播费。这些赞助商之所以争相投资，主要是由于沙滩排球比赛大多在风光优美的海边举行，这里发达的商业、交通、文化和旅游业，大量的流动人口，迅速而先进的通讯设备都有利于公司的广告宣传。沙滩排球运动较强的娱乐性和竞技性能赢得众多的观众，面向全球的电视报道无形中为赞助商们大做广告。以上原因吸引了各国赞助商纷纷加入，导致比赛奖金数额猛增。

三、我国沙滩排球运动开展现状

沙滩排球运动在我国起步较晚。1987 年 7 月，我国首次组队参加了沙滩排球国际邀请赛。在以后的几年中陆续在北戴河、深圳、海南、烟台等地举办了一些不同形式和不同水平的沙滩排球比赛。1993 年中国派出男女各 2 名队员参加了亚洲排联举办的沙难排球巡回赛。通过这一系列活动使沙滩排球在我国逐步被人们所认识和喜爱，掀起了中国沙滩排球史上的第一个高潮。

由于沙滩排球被列为奥运会正式比赛项目，中国排协加强了对沙滩排球的普及和提高工作。在 1994 年的广岛亚运会上，沙滩排球作为表演项目，中国男、女队均获第 5 名。1994 年我国举办了首届全国沙滩排球巡回赛。1995 年在上海举办了亚洲沙滩排球系列赛，中国派出 4 支队伍参赛。1997 年沙滩排球被列为第 8 届全国运动会正式比赛项目，共有 32 支队伍参加了预赛，最后，上海一队和四川一队分获男、女冠军。1997 年中国首次派出 4 支沙滩排球队参加了世界女子沙滩排球巡回赛日本大阪站、韩国釜山站的比赛。1998 年 8 月，国际排联女子沙滩排球第一站首次设在了中国的大连举行，我国派出 3 支队伍参加比赛。此项赛事由大连连续举办了 3 届。

近年来，我国沙滩球运动在普及和提高方面都有了一定的发展，并且已列入我国排球运动发展规划，每年夏季都会举办全国沙滩排球巡回赛。这些措施对我国沙滩排球的发展必将起到积极的推动作用，从而缩短同世界强队的差距。

进入 21 世纪我国沙滩排球运动员的世界排名迅速提高。2000 年迟蓉/熊姿、张静坤/田佳 2 对选手通过参加资格赛，取得进入奥运会决赛阶段资格，并分别获得了第 9 名、第 19 名的成绩。

2001 和 2002 年，在广东茂名再次承办 FIVB 世界女子沙滩排球巡回赛，熊姿/迟蓉获得第 4 名。2002 年在韩国釜山的亚运会上，男子获得铜牌，女子获得银牌。

2003 年 8 月和 9 月，田佳/王菲在印度尼西亚和意大利站的世界沙滩排球巡回赛中分别获得冠军，实现了我国沙滩排球历史性的突破。

2004 年 5 月，在江苏的连云港首次承办了世界男子沙滩排球巡回赛，来自上海的选手进入 16 强，这是我国男子沙滩排球运动员的世界最好成绩。

2005 年世界沙滩排球巡回赛挪威站中，中国姑娘田佳/王菲夺得铜牌；瑞士沙滩排球公开赛上，她们仅负于世界头号组合摘银；在柏林世界沙滩排球锦标赛上她们又摘得一枚铜牌，创造了中国选手在该项世界大赛历史上的最好成绩。

2006 年，世界沙滩排球巡回赛金山公开赛半决赛中，中国女子组合薛晨/张希获得冠军。

中国女队选手田佳/王洁、薛晨/张希曾经世界排名第 2 名和第 3 名，中国男队的吴鹏根/徐林胤 2007 年的世界总排名为第 6 名。2008 年奥运会上，中国沙滩排球的成绩目标是：女队打进前 8，死拼奖牌，力争金牌；男队力保前 16 名，力争前 8 名。

2008 年第 29 届北京奥运会规定男、女各 24 个队参加比赛，每队 2 名运动员。每个协会最多报名 4 个队（男、女各 2 个队）参加。比赛于 2008 年 8 月 9 日 ~22 日在北京朝阳公园举行。该球场包括一座主比赛场、2 块热身场和 6 块训练场，设观众席 12000 个，规划占地面积 15 公顷。最终，中国女子沙滩的田佳/王洁组合获得银牌，薛晨/张希组合获得铜牌，男子沙滩的吴鹏根/徐林胤组合在复赛中负于德国的 Klemperer/Koreng 组合，未能进入前 8 名，最终获得第 9 名，均完成或超额完成了赛前预定的目标。

四、沙滩排球运动特点

（一）特殊环境

沙滩排球与室内排球不同，它是在沙地上进行的一种竞技运动。而且是在有风雨和太阳等自然环境里进行比赛，因此，运动员首先要掌握在沙地上的跑动、跳跃以及球受风雨影响后的变化等沙滩排球的特点，适应在沙滩上比赛的各种特殊环境。

（二）合理的分工

沙滩排球比赛因为只允许场上有 2 名队员，而且在比赛中不能换人、没有教练员指挥，所以要求运动员对各项技术和战术都要精通和熟练。同时，场上位置及拦防的分工也非常重要。进行合理的分工是取得胜利的基础。

1. 位置的分工

所有的运动员在传球和扣球上都有擅长的一面和不擅长的一面，所以在决定最初站位的时候，首先要考虑队员的技术特点，分析 2 名队员在技术上的长处和短处，并使他们能够互相弥补。这是成为一支强队的第一步。

2. 拦网和防守的分工

在比赛中，拦网好的队员尽可能多拦网，防守好的队员尽量多防守。但是因为比赛的时候只有 2 个人，所以 2 人最好是在拦网和防守上都擅长，这样才不会有太大的漏洞。

第二节　沙滩排球运动主要技、战术

一、沙滩排球运动主要技术

（一）发　球

正面上手发球（上手飘球、上手大力球）、跳发球（跳飘球、大力跳发球）、高吊球（不旋转球、旋转球）等。

（二）垫　球

双手垫球、单手垫球、挡球、倒地垫球、鱼跃垫球等。

（二）传　球

正面双手传球（多用于组织进攻）。

（三）扣　球

重扣、轻打、戳球等。

（四）拦　网

跳起拦网、晃拦等。

二、沙滩排球运动主要战术

（一）发球战术

1. 发球线路和区域：发后场区；发前场区；发场心；发边线附近；发追胸球等。

2. 发球找人：找接发球差的人；发给进攻能力差的人；发给传球好的人；集中发一个人等。

3. 根据比赛情况和环境：发给扣球失误者或被拦的队员；利用自然条件发球，如对着风吹来的方向发球等。

（二）接发球战术

1. 接发球站位时，有意站在前场区或后场区，给对方发球留个空当，诱使对方发此区域。或是站在接近边线附近，诱使对方发球出界。

2. 垫球时将球垫到同伴的前方或者是准备移动到的地点，这样有利于组织进攻。有风时，球不宜垫得过高。顺风时控制力量，逆风时多用力量。

（三）传球与扣球战术

1. 通过传出不同速度与高度的球改变进攻节奏，从而打破对方的拦防布局。

2. 个人进行移位式扣球，破坏对方预设拦网与防守的节奏与战术。

3. 重扣、轻打相结合。为了使对方不易判断出扣球的方式，运用重扣球的动作而做出轻打、戳球等变化。

4. 根据对方拦网情况，进行扣球线路的变化。

5. 传球队员传球后用语言指示扣球队员把球打到指定的点或方向。相反，通过事前沟通，以较大的声音作诱饵，诱使对方移动防守，扣球队员却将球扣向相反方向或点。

（四）拦网战术

1. 拦网队员出手势指导防守配合。比如右手手势是代表拦网人将面向对方右边的队员，左手手势是代表面向对方左边的队员。食指是拦直线，两根手指是拦斜线，不出手势就是不拦网等，以便防守队员与之配合。

2. 拦直线时外侧的手要向内压。在起跳前一只脚先向内侧迈出，让对方感觉要拦斜线，然后将脚收回起跳拦直线，这样将会提高拦网的成功率。

3. 拦斜线时要向内跨步，在和对手错开一步的位置起跳，手尽可能地往高伸，肘关节要伸直。

4. 当对方接发球未接好或判断其无强攻扣球动作时，假装拦网，然后突然后撤防守。

（五）防守战术

1. 防守队员的站位在后场偏左或偏右位置，该取位较适合于对手善于强攻扣球。防守队员第一任务是防非拦网区域的重扣球，第二任务是防轻扣球，掌握好后场防守的步骤与防守的重点。

2. 防守队员另一种准备位置在场地中后方，等对方扣球瞬间，判断击球方式与方向，再移动至球的落点接球。

3. 防守队员还可先站在后方的某一点，故意使对方传球队员与扣球队员看到自己的防守位置，等对方即将出手时，瞬间移向另一个方向进行防守。

（六）综合战术

1. 选择同伴：沙滩排球比赛场上最好 2 个人都具有全面的技术。但是无论怎样，每个队员都会有自己的长处和短处、优势和劣势。因此在选择同伴时最好是选择能够弥补自己不足的人。

2. 寻找对手的弱点：对本方来说，自己的技术有优势的一面也有劣势的一面，同样你的对手也会有长处和短处。因此，要积极准确地发现对手的缺点而集中攻击，这也是比赛取得胜利的重要环节。

3. 暂停的运用：每局比赛都有暂停机会，通常请求暂停是根据比赛进程和分数。但在想改变比赛的节奏或需要休息的时侯，或需要商量比赛战略时，或连续失误时请求暂停效果也比较好。另外，请求暂停一定要果断，通过暂停对你的情绪进行调整，然后再进行比赛。

4. 利用风向主动得分：沙滩排球在顶风的时侯对技术的发挥占有较大优势，因此，想要获得比赛胜利，就要在顶风时争取多得分。相反，在顺风时，尽量避免连续失分，并争取得分。

第三节　沙滩排球运动主要规则

一、场地设施

（一）场　地

沙滩排球比赛场地包括比赛场区和无障碍区。比赛场区为 16 米 ×8 米的长方形。场地边线外和端线外的无障碍区至少 5 米，比赛场地上空的无障碍空间至少 12.5 米。比赛场地的地面是水平的沙滩，沙子至少 40 厘米深，其中没有石块、壳类及其他可能造成运动员损伤的杂物。比赛场区所有的界线宽为 5 ~8 厘米，界线与沙滩的颜色需有明显的区别，并且由抗拉力材料的带子构成。沙滩排球场地没有中线和进攻线。

（二）球网与网柱

沙滩排球比赛的球网设在场地中央中心线的垂直上空，高度为男子 2.43 米、女子 2.24 米。球网长 8.50 米，宽 1 米（±3 厘米），网眼直径 10 厘米。球网上有两条宽 5 ~8 厘米（与边线同宽）、长 1 米的彩色带子为标志带，分别系在球网的两端，垂直于边线。标志杆是有韧性的两根杆子，长 1.80 米，直径 10 毫米，由玻璃纤维或类似质料制成。两根标志杆分别设置在标志带的外沿、球网的两侧。

（三）球

沙滩排球比赛所使用的球是由柔软和不吸水的材料制成外壳（皮革、人造皮革或类似材料），以适合室外条件，即使在下雨时也能进行比赛。球内装橡胶或类似质料制成的球胆，颜色是黄色、白色、橙色、粉红色等明亮的浅色。球的圆周为66~68厘米，重量为260~280克，气压为0.175~0.225千克/平方厘米。

二、沙滩排球比赛方法

（一）沙滩排球比赛是一项每队2人组成的2队在由球网分开的沙地上进行比赛的运动。比赛的目的是将球击过球网，使其落在对方场区内，并阻止对方达到同样的目的。每队可击球3次并将球击回对方场区（包括拦网触球）。

（二）比赛是由发球队员击球，球越过球网飞向对方场区开始的。比赛应连续进行直至球落地、出界或某一队不能合法地将球击回对方场区为止。

（三）沙滩排球比赛采用3局2胜制，胜2局的队赢得比赛的胜利。在比赛中，一个队胜1球可以得1分（每球得分制）。接发球的队胜1球时得1分，同时获得发球权。每次换发球时，发球队员必须轮换，按记录台的指示牌号码进行发球。发球的时间允许在5秒之内。每局比赛（决胜局除外）先得21分并至少领先对方2分的队胜1局。当比分为20：20时，比赛继续进行至某队领先2分（22：20、23：21）为止。决胜局先得15分并至少领先对方2分的队获胜。

三、沙滩排球与室内排球规则的不同之处

（一）沙滩排球比赛中，每队只有2名运动员参赛。没有换人，也不允许更改运动员，因此每队的2名队员需要自始至终参加比赛。场上队员号码只有1号和2号。不允许教练员进行指导。运动员在比赛中可戴眼镜和帽子。

（二）沙滩排球比赛中，队员可以站在本场区的任何位置，因此在发球时没有位置错误。

（三）沙滩排球比赛中，队员张开手用手指“吊球”，将球直接击到对方场区为犯规，但允许用手指戳或指关节击球。

（四）沙滩排球比赛中，队员用上手传球时，传球轨迹不垂直于双肩连线完成进攻性击球为犯规。传给同伴的球除外。在第一次击球时不允许传球，“急难球”除外。

（五）如果在网上双方队员同时击球，允许“持球”，比赛继续进行。

（六）沙滩排球比赛中，受伤队员可以请求获得5分钟的暂停时间，但每名队员在每场比赛中只有一次机会。

（七）沙滩排球比赛中，每当比赛双方比分累积达7分（第1、2局）、5分

（决胜局）或 7 分、5 分的倍数时，双方将交换比赛场区。

（八）沙滩排球比赛每局每队最多可请求 1 次暂停，每次暂停时间为 30 秒。并且场上任何 1 名队员都可以直接向裁判员请求暂停或请求说明。第 1 局和第 2 局比赛，当双方比分累积为 21 分时，有 1 次 30 秒钟的技术暂停。

第四节 软式排球运动发展概况

一、软式排球运动起源

软式排球运动于 1988 年诞生于日本，最初出现在日本家庭成员的体育活动中。由于球是由柔软的橡胶材料制成，质地柔软，因此称之为“软式排球”。1989 年该项目主管组织——日本软式排球联盟成立。同年，软式排球竞赛规则正式出版。4 月，日本全国各都、道府、县分别举行了软式排球比赛。1991 年日本修改并出版了单行本软式排球竞赛规则。1993 年 4 月“日本沙滩及软式排球协会”单独成立。该协会内的软式排球控制委员会具体主管软式排球运动事务。1994 年 2 月，日本软式排球竞赛规则进一步修改，8 月举行了第 5 届日本全国软式排球家庭大会。10 月派出了 30 人的软式排球代表团访问美国。从此，软式排球运动在日本得到了普及并向国外推广。

软式排球在日本根据参加运动群体的不同，网高和用球有所区别。球网的高度：成人组为 2. 20 米；家庭组和 12 岁以下组为 2. 10 米；10 岁以下组为 2. 00 米。用球区别：成人组、家庭组和 12 岁以下组，球的周长为 66 厘米（ ±1 厘米），重量 180 克（ ±10 克）；10 岁以下组球的周长为 64 厘米（ ±1 厘米），重量 150 克（ ±10 克）。由于此项运动用球质地柔软，球体颜色有浅黄、浅绿、浅蓝、乳白、粉红等，色彩十分鲜艳，感官效果极佳。并且不受性别、年龄、体质、技术水平的限制，因此，深受广大群众的喜爱。

软式排球运动在美国、意大利、加拿大、韩国、新加坡等国也在广泛开展。

二、软式排球运动在我国的开展

1995 年 5 月，北京体育大学利用从日本购回的软式排球在全校教职工中举办了我国首届软式排球比赛。1996 年 6 月又举办了北京体育大学非专项学生软式排球比赛。该月，原国家体委在天津体育学院举办了首届软式排球学习班。12 月，在成都体院举办的“全民健身”活动创编、引进项目表演与研讨会上，软式排球被指定为重点项目。1997 年 9 月国家体委审定出版了我国第 1 本软式排球竞赛规则。1999 年为进一步推动软式排球的开展，中国排球运动管理中心成立了全国软式排球推广领导小组，统一组织和管理全国软式排球活动。进入 21 世纪，软式排球在全国范围内大规模开展起来。2001 年 11 月 1 日，教育部颁布了新修订的九年义务教育《体育与健康教学大纲》，修订的大纲把软式排球列入中小学体育教学的正式限选教学内容。目前，软式排球以其独特的魅力，在国家相关部门的重视和推动下，已成为我国全民健身运动中一项主要的体育运动。

目前我国软式排球运动使用的球主要是免充气式的，其大小与室内排球接近，重量稍轻。更适合室内、外比赛的使用。

第五节　软式排球运动特色与技术特点

一、软式排球运动特色

（一）趣味性和观赏性

软式排球重量较轻、球质软、球的飞行速度相对较慢，便于防守，不易一下将球打死，来回球较多，具较强的趣味性和观赏性。

（二）安全性

软式排球的最大特点就是“软”，因球体轻、质地软，不易造成对手指和人体的伤害，从根本上消除了打排球的恐惧心理。利于本人安全、他人安全、校舍等公共安全。

（三）简易性

比赛形式多种多样，参加活动的人数、场地大小、球网的高度以及活动方式不限。也可以根据运动时的具体情况制订比赛的方式、方法。目前在国际上还没有统一的比赛规则。

（四）广泛性

软式排球比赛对技术动作要求不高，技术简单易学，短期内可以有较大幅度的提高，适宜在初学者和排球技术较差的群体中开展，具有广泛的群众性。同时可以作为硬排球入门学习时的用球。

（五）适用性

免充气软式排球色彩鲜亮、美观、价格便宜。不怕扎、不怕挤压、耐磨、耐打、性能良好。

二、软式排球运动技术特点

（一）软式排球运动的常用技术

1. 发球：下手发球、上手发球等。
2. 垫球：正面双手垫球、侧面双手垫球、背垫球、单手垫球等。
3. 挡球：双手挡球、单手挡球。
4. 传球：正面双手传球、背传球、单手传球等。
5. 扣球：重扣、轻扣、吊球等。
6. 拦网：单人拦网、集体拦网。
7. 脚击球。

（二）软式排球的技术特点

1. 发球技术特点

软式排球发球技术动作与室内排球发球技术动作基本相同。由于软式排球球体较软，受击打时容易变形，球的反弹力较硬排球小。因此，发球时应通过增加蹬地的力量、加大动作幅度和提高挥臂速度来提高击球时的速度和力量。

2. 垫球技术特点

垫球技术是软式排球各项技术中运用最广泛的技术。主要用于接发球、接扣球、接拦回球以及各种低球。有时用来组织进攻，也可用于第 3 次击球过网。垫球技术的运用应根据来球的弧度、速度、力量、落点等来选择垫球技术动作。但因软式排球的球体软、轻、飞行速度慢，垫击球时应增加腿部蹬送的幅度和手臂上抬力量。

3. 挡球技术特点

挡球技术主要用于来球较高，速度较快，不便于利用传、垫球技术时，采用双手或单手在头部以上挡击来球。采用挡球技术还可以扩大控制球的范围。软式排球因球体柔软，手接触球后，球体表面内陷，较容易把握击球部位，但击球时一定要控制好力量的大小。

4. 传球技术特点

传球技术主要用于二传组织进攻，是防守和进攻之间的衔接。也可用于接对方的各种来球，或传球过网和主动吊球过网。软式排球的上手传球技术较容易，只需将手型摆好，比室内排球的传球手型稍大，自下而上发力。因软式排球球体软，无须手指、手腕的缓冲，两手托住球即可。

5. 扣球技术特点

扣球是最主要的得分手段，扣球效果的好坏直接影响到比赛的胜负。软式排球与硬排球相比，球体软，如运用硬排球的扣球技术，球体受到撞击时会迅速凹陷，而不能迅速反弹，在很大程度上会削弱扣球的攻击力。因此，在扣球时不需要手的包裹和推压动作，可直接用力击打球的上方或后上方，如同向下“砸”的动作。轻扣和吊球时，因球弹性小，要把握好力度。另外，在扣长距离来球时，球体软，重量轻，平冲惯性小，球飞行时易下沉，应注意选择适当的起跳点。

6. 拦网技术特点

软式排球拦网技术不同于室内排球，主要取决于球体软的特点，拦网时，两臂要尽力伸直，前臂靠近球，拦网两手距离要小，否则扣过来的球易从两手或两臂之间挤过，最好是正对来球方向，用双手罩住球。

7. 脚击球技术特点

软式排球比赛中采用脚击球的机会较多，一般是在来球离身体较远，手无法触及球时采用。由于软式排球球体较软，能够较好地与击球面吻合，因此脚击球技术在软式排球比赛中不失为一种较实用的技术。运用脚击球技术时，要把握好击球的力量和角度。

第六节　软式排球运动主要规则

根据我国 2002 年软式排球竞赛规则，比赛分为 A 制和 B 制两种。两种赛制的主要区别是参赛人数和场地的大小。

一、场地设施

（一）比赛场地

软式排球比赛场地 A 制为长 16 米、宽 9 米的长方形。B 制为长 18 米、宽 9 米的长方形。其四周至少有 3 米宽的无障碍区。从地面向上至少有 7 米高的无障碍空间。

（二）球网和网柱

球网架设在中线上空，球网高度为男子 2.35 米、女子 2.20 米。青少年组球网高度可适当降低。球网宽度，长度，网眼直径，标志带和标志杆的规定等，均与硬排球比赛用的设备相同。

（三）球

用球是由柔软的材料制成，能适应室内、外比赛。球的圆周为成人组 65 ~ 67 厘米；青少年组 63 ~ 65 厘米，球的重量为成人组 220 ~ 240 克，青少年组 200 ~ 220 克。

二、队员组成及场上位置

1 个队由 8 名队员组成。A 制上场比赛为 4 名队员，B 制上场比赛为 6 名队员。可设 1 名教练员，1 名领队。

A 制：场上必须始终保持 4 名队员进行比赛。1 号位为后排队员，2、3、4 号位为前排队员。

B 制：场上必须始终保持 6 名队员进行比赛。1、5、6 号位为后排队员，2、3、4 号位为前排队员。

队员轮转次序为接发球的队获得发球权后，该队队员必须按顺时针方向轮转一个位置（A 制：2 号位队员转至 1 号位发球，1 号位队员转至 4 号位等；B 制：2 号位队员转至 1 号位发球，1 号位队员转至 6 号位）。

三、比赛方法

比赛采取每球得分，3 局 2 胜制，胜 2 局的队胜 1 场。如果 1 : 1 平局时，进行决胜局。前 2 局先得 25 分并同时超过对方 2 分的队胜 1 局。当比分 24 : 24 时，比赛继续进行至某队领先对方 2 分为止，没有最高分限。决胜局先得 15 分并同时超过对方 2 分的队胜该局，当比分 14 : 14 时，比赛继续进行至某队领先 2 分为止，没有最高分限。比分到 8 分时交换场区。

四、暂停与换人

每局比赛中，每队最多可请求 2 次暂停，暂停时间为 30 秒钟。所有局间休息均为 2 分钟。决胜局前，裁判员主持重新抽签。每 1 局每队最多可替换 4 人次。可以同时替换 1 人或多人。

软式排球的各项击球规则均与硬排球比赛相同。

本章思考题

1. 为什么沙滩排球运动能够深受广大群众的喜爱，并能风靡全球？
2. 沙滩排球运动主要有哪些特点，它与室内排球的不同点有哪些？
3. 软式排球运动主要有哪些特点？
4. 软式排球运动在我国全民健身运动中能够发挥怎样的作用？

第八章

排球教学文件范例

本章概要

本章给出排球课程教学大纲、教学进度和教案范例，供学生们参考。希望通过本章的阅读，使学生能够更好地领会排球技术、战术教学，以及排球教学工作，并能够举一反三地应用到教学实践中。

范例一：教学大纲

排球课程教学大纲

一、课程性质

本课程是为体育教育专业学生开设的专业必修课，64 学时，4 学分。

二、课程目标

通过本课程的学习，使学生基本了解排球运动的基本理论知识。初步掌握排球运动的主要技术和战术，并在比赛中能初步运用。初步掌握排球竞赛的组织方法。了解排球主要技、战术的教学方法，初步具备排球技、战术的教学能力。初步了解沙滩排球、软式排球的比赛方法。

三、教学内容

（一）理论部分

章节名称	教学内容	基本要求
一、排球运动简介及发展 1. 排球运动简介 1.1 排球比赛方法及特点 1.2 排球运动起源及传播 2. 排球运动发展概况 2.1 世界排球运动的发展 2.2 我国排球运动的发展 2.3 沙滩排球及软式排球	群众性、技巧性、集体性、休闲性等。 排球运动起源，传入亚洲及欧洲的情况。 世界排球运动发展的情况、特点、趋势、世界大赛简介。 中国排球运动发展概况，我国对世界排球运动的贡献。 沙滩排球和软式排球的比赛方法，与室内硬排球的区别。	通过本讲教学使学生对排球运动有一概括了解，重点讲授排球运动的现状、发展趋势和中国对世界排球运动的贡献。
二、排球竞赛工作 1. 竞赛的组织工作 2. 竞赛制度、编排和成绩计算方法	赛前准备工作，竞赛期间的工作，竞赛结束工作。 循环制、淘汰制、混合制及各赛制的编排、赛程安排、成绩计算方法。	通过本讲学习使学生初步掌握排球比赛的组织工作，重点讲解单循环制的编排、赛程安排和成绩计算。
三、基本技术及教学 1. 准备姿势与移动 2. 发球 3. 垫球 4. 传球 5. 扣球 6. 拦网	准备姿势，主要移动步法。 正面上手飘球，勾手飘球，正面上手发球，下手发球。 正面双手垫球，体侧垫球，背垫球，垫球技术的运用：接发球垫球，接扣球垫球。 正面双手传球，背传球，传球技术的运用：一般二传，调整二传。 正面扣球，扣球技术的运用：4 号位扣球，2 号位扣球，扣调整球，扣半快球。 单人拦网，双人拦网。	通过本讲学习，使学生了解各项技术的分类、动作方法、动作要领、教学顺序、教学步骤、常犯错误及纠正。重点为常用技术。

章节名称	教学内容	基本要求
四、基本战术及教学 1. 排球战术基本理论 2. 阵容配备 3. 进攻战术 4. 防守战术	 排球战术的概念，战术分类。 “四二”配备，“五一”配备，位置交换。 “中一二”进攻阵形及其变化，“边一二”进攻阵形及其变化。 接发球阵形，接扣球防守阵形及其变化。	通过本讲学习，使学生初步了解排球运动的主要战术，重点讲解与学生水平相当的战术，初步了解主要战术的教学步骤。

（二）实践部分

教学内容	主要教材	次要教材	基本要求
技术部分			
1. 准备姿势及移动	半蹲准备姿势，并步、滑步、交叉步移动。	低蹲准备姿势，跨步、跑步、综合步移动。	动作放松，起动快，制动好。
2. 发球	正面上手发飘球、勾手发飘球。	正面上手发球，下手发球。	抛球稳，击球准，手法正确，用力适当。
3. 垫球	正面双手垫球、接发球垫球。	侧垫球，背垫球，接扣球垫球。	触球部位正确，全身协调用力，双臂伸直。
4. 传球	正面双手传球、一般网前正面二传。	背传，调整二传。	手形正确，击球点合适，全身协调用力。
5. 扣球	4 号位扣球、2 号位扣球。	扣调整球，3 号位扣半快球。	步法熟练，击球手法正确，起跳时机合适。
6. 拦网	单人拦网。	双人拦网。	手法正确，起跳时机合适。
战术部分			
1. 防守战术	5 人“W”接发球阵形，单人拦网防守阵形。	双人拦网“心跟进”防守阵形。	明确各位置分工与职责，取位基本正确，注意弥补接应。
2. 进攻战术	“中一二”进攻。	“边换中”接发球进攻、“边一二”进攻。	二传分球合适，换位及时，攻手随时准备进攻。

四、学时分配

部分	教学内容	教学时数	教学形式	百分比（%）
理论部分	排球运动简介及发展	1	课堂讲授、观看录像等	9.4
	排球竞赛组织工作	1		
	排球基本技术及其教学	2		
	排球基本战术及其教学	2		
实践部分	主要技术	26	教学实践课	87.5
	次要技术	10		
	主要战术	8		
	次要战术	4		
	教学比赛	8		
考试	技术考试	2		3.1
合计		64		100

五、考核方式

（一）考核的依据

根据教育目标，本课程主要考核学生技术、战术的掌握程度和比赛能力，兼顾考查学生基本理论知识和主要技、战术教法的了解程度。

（二）考核内容、方式与要求

1. 考核内容及比例

理论知识占 20%，比赛实战能力占 10%，平时成绩占 10%，技术水平占 60%。

2. 考核方法及要求

（1）理论知识考核

采用作业形式，内容包括竞赛的组织编排；主要技、战术从不会到会的基本教法；常见错误及纠正方法。根据作业质量分别评分。

评分标准

优秀	良好	一般	及格	不及格
19～20 分	16～18 分	13～15 分	11～12 分	10 分以下

（2）比赛实战能力的考核

根据学生在平时教学比赛中技术、战术的表现水平给出成绩。

评分标准

优秀	良好	一般	及格	不及格
10 分	8～9 分	7 分	6 分	5 分以下

（3）平时成绩考核

根据学生的学习态度、出勤、回答课堂提问等情况评定成绩。

评分标准

优秀	良好	一般	及格	不及格
10 分	8～9 分	7 分	6 分	5 分以下

（4）技术水平考核

考发球、垫球、传球、扣球 4 项技术，每项技术 15 分，其中技评 5 分，达标 10 分。

考核方法

发球：学生任选正面上手飘球、勾手飘球和正面上手大力发球中的一种，在发球区内将球发入对方场区，每人发 5 个球。

垫球：2 人连续对垫。

传球：2 人连续对传。

扣球：学生在 4 号位，3 人 1 组轮流扣教师抛起的一般高球。

评分标准

发球技评：抛球 1 分，挥臂动作 2 分，击球手法 2 分。

发球达标：每个球 2 分，根据速度和弧度给分。失误为 0 分。

垫球技评：击球点 1 分，手臂触球部位 2 分，协调发力 2 分。

垫球达标：

30 次	28 次以上	26 次以上	24 次以上	20 次	19 次以下
10 分	9 分	8 分	7 分	6 分	5 分以下

19 次以下，每少 2 次，减 1 分。

传球技评：手型 2 分，协调发力 2 分，击球点 1 分。

传球达标：

30 次	28 次以上	26 次以上	24 次以上	20 次	19 次以下
10 分	9 分	8 分	7 分	6 分	5 分以下

19 次以下，每少 2 次，减 1 分。

扣球技评：助跑起跳 1 分，挥臂动作 2 分，上旋球手法 1 分，起跳点和起跳时机 1 分。

扣球达标：每个球 2 分，根据扣球力量给分。擦网减速得 1 分，失误为 0 分。

六、必要说明

（一）认真研究教学内容，合理制订教学进度，经常交流教学经验。

（二）启发学生学习和练习的主动性和积极性。根据不同年级学生的实际水平，可适当增减主要技、战术的教学内容。

（三）在条件许可的情况下，教学比赛尽可能采用班级之间进行的形式，既可以调动学生的积极性，又可以培养竞争意识，促进学习和技术交流。

（四）在技、战术教学中，教师注意每教一项技术或战术，都要进行教法的总结，以及常见错误和纠正方法。

（五）要求学生参加三级裁判员的学习与考核。

范例二：教学进度

排球课教学进度（名称式）

课次	主要教学内容
1	准备姿势*，移动步法*，正面上手传球*，下手发球
2	移动步法，正面传球，正面双手垫球*，下手发球
3	移动传球，移动垫球，正面双手垫球，扣球挥臂动作*
4	变方向传球，变方向垫球，扣球挥臂动作
5	变方向传、垫球，传、垫串联，勾手发飘球*（女），上手发球（男）
6	助跑起跳*，接发球垫球*，勾手发飘球（女），上手发球（男）
7	助跑起跳，接发球垫球，传、垫比赛
8	网前正面二传*，完整扣球*，5 人“W”接发球阵形*
9	网前二传，一传、二传串联，完整扣球
10	4 号位扣球*，侧面垫球，一、二传串联，传、垫比赛
11	调整传球，4 号位扣球，侧面垫球，传、扣串联
12	调整传球，背垫球，传、扣串联
13	接扣球垫球，背垫球，教学比赛
14	理论课：排球基本技术及教学
15	接扣球垫球，上手发飘球*，扣调整球
16	背传球，2 号位扣球，“中一二”接发球进攻*，上手发飘球
17	单人拦网*，2 号位扣球，“中一二”进攻，教学比赛
18	单人拦网，单人拦网防守阵形*，攻防对抗
19	2 人扣、垫、传串联，单人拦网防守阵形，“边换中”接发球进攻
20	“边换中”接发球进攻，3 号位扣半高球，垫、传、扣串联
21	理论课：排球基本战术及教学
22	3 号位扣球，双人拦网，教学比赛
23	双人拦网，“边一二”接发球进攻
24	“边一二”进攻，双人拦网心跟进防守阵形
25	防、调、扣串联，双人拦网心跟进防守阵形
26	理论课：排球运动发展、规则、竞赛的组织与编排
27	上手发球（女），勾飘发球（男），教学比赛，裁判实践
28	教学比赛，裁判实践
29	教学比赛，裁判实践
30	介绍软式排球或沙滩排球（根据气候条件选择）
31	复习考试技术
32	技术考试

注：1. “*”为主要教材内容。

2. 同样内容第 2 次出现时为复习教材。

排球课教学进度(循序渐进式)

部分	内容 \ 周次	一		二		三		四		五		六		七		八		九		十		十一		十二		十三		十四		十五		十六	
	课次	01	02	03	04	05	06	07	08	09	10	11	12	13	14	15	16	17	18	19	20	21	22	23	24	25	26	27	28	29	30	31	32
理论	排球运动概述																											△					
	排球技术、战术分析														△							△											
	排球规则及裁判法																											△					
	排球技术教法作业														△																		
	排球竞赛组织与编排																					△							○	○			
技术实践	准备姿势及移动	△	○																														
	正面上手发球						△	○	○																		○			○		○	
	正面下手发球	△	○	○																													
	上手飘球															△																	
	勾手飘球						△	○																									
	正面双手垫球	△	○	○	○																												
	体侧垫球、背垫球										△		△	○																			
	接发球					△	○	○	○							○			○	○						○	○			○			
	接扣球													△		○																	
	正面双手传球		△	○	○	○	○																										
	顺网正面二传								△	○	○	○	○				○							○							○	○	
	调整二传											△																					
	背传																△																
	正面扣球				△	○	△	○			○	○	○	○		○			○				○	○		○				○	○	○	
	3 号位半高球																			△													
	调整扣球															△																	
	单人拦网												△	○				○															
	双人拦网																						△										
战术实践	“中一二”接发球进攻									△							△																
	单人拦网防守阵型																		△														
	“边一二”接发球进攻																							△	○								
	双人拦网防守阵型																								△								
其他	教学比赛、裁判实践							△			△			△				△					△				△		△	△			
	准备活动实习																			△	△		△	△		△	△		△	△	△		
	考试																															△	△

注:△为新授教材 ○为复习教材

范例三：教案

授课周次__**周**__1__**次**　**授课对象**________**日　期**____

课的任务　培养学生对排球运动的兴趣；初步掌握主要的移动步法；学习正面双手传球及下手发球技术动作，形成正确的动作概念；培养团结合作精神。

部分	时间	教学内容	分量	组织教法
准备部分	30'	1. 集合，检查出勤，安排见习 2. 提出课程的要求，讲解课程主要内容、考核等 3. 宣布本课任务，提出要求 4. 准备活动 （1）双手持球操		 体操队形，每人1球。
		（2）抛接球比赛 2局交叉比赛	20'	2大组，各在半场，再分2组对抗，场内1对1，大轮转，15分1局，淘汰赛。 不能过线、碰网，接球后不能跑动，可一步跳起抛球过网。 比赛中随时讲解基本规则，局间小结比赛方法、主要规则及步法，并要求学生在比赛过程中观察同伴的移动步法。
基本部分	55'	1. 学习准备姿势及滑步、交叉步和跨步 （1）示范讲解 （2）徒手试做	15'	在总结游戏的基础上讲解移动步法。 体操队形，跟着教师分别尝试准备姿势和各种步法。每讲解1种步法，练习1种。
		（3）结合场地移动 每种步法每组练习30"		学生6人1组，3人1排，站端线前，教师在对场网前给手势，分别进行滑步、交叉步和跨步的练习。
		2. 学习正面双手传球 （1）示范讲解	25'	体操队形（4排），两两相对，先做手型，后做全身发力练习。
		（2）徒手练习 10次*2组		集体练→分组练，观摩纠正。
		（3）传固定球 重点：手型　8次*2人*2组		1、2排，3、4排同列2人1组。先体会手指的触球部位，然后听教师口令上步传固定球。

<table>
<tr><th>部分</th><th>时间</th><th>教学内容</th><th>分量</th><th>组织教法</th></tr>
<tr><td></td><td></td><td>（4）自抛传球
重点：手指、手腕发力
每人 15 次左右

（5）传抛球
重点：迎球
10 次 *2 人 *2 组

（6）向前移动传抛球
重点：找球，击球点
10 次 *2 人 *2 组
3. 学习下手发球技术
（1）示范讲解
（2）徒手练习

（3）抛球练习
5 次
（4）对挡网发球
5 次
（5）隔网发球
端线发球 4 ~ 5 次</td><td>

15’</td><td>同上分组，全场散开，2 人相距 3 ~ 4 米。
要求：按示范的弧度及高度进行练习；控制练习距离。

同上分组和间距；
先示范抛球方法并提出要求；
要求：用正确的手型和击球点传球。

同上分组，1 人抛球，练习者向前移动传球，范围 1 米以内。
要求：钻到球底下，保持击球点。

先练挥臂动作，再练抛、击配合动作。
教师用口令帮助学生形成动作节奏。

每人 1 球，听哨声抛球。
要求：认真，抛到位。
4 列横队，一字排开，距挡网 4 ~ 5 米练习。
听教师哨声各组轮流练习。
每边场地从中场逐步退到端线附近，每边场地 2 组学生，听哨声轮流练习。
要求：认真抛球，控制发力。</td></tr>
<tr><td>结束部分</td><td>5’</td><td>1. 收球
2. 小结传、垫基本动作要领
3. 小结移动找球对排球运动的重要性</td><td></td><td>队列队形，教师小结的同时学生放松手臂和手腕。</td></tr>
<tr><td>见习生安排</td><td colspan="2"></td><td>场地与器材</td><td></td></tr>
<tr><td>课后小结</td><td colspan="2"></td><td></td><td></td></tr>
</table>

授课周次__**周**__2__**次**　　**授课对象**________**日　期**___

课的任务　巩固传球的正确动作，纠正手型错误；提高移动步法的运用能力，培养判断球的意识和找球能力；培养协作精神；巩固下手发球技术；初步学习双手垫球技术。

部分	时间	教学内容	分量	组织教法
准备部分	20’	1. 集合，检查出勤，安排见习 2. 宣布本课任务，提出要求 3. 准备活动		
		（1）双人球操		4 列体操队形，同列两两 1 组，用 2 球，双人持球操。 要求：认真配合。
		（2）移动接球练习 抛球 8 次 *5 人		两半场同时练习。4 列体操队形为 4 组，每半场 2 组。 每组 1 人在网前抛球，其他人轮流在中后场移动接住球。
基本部分	65’	1. 复习传球技术	25’	
		（1）提问动作要领并示范		学生自愿回答，众人补充，教师归纳。
		（2）徒手练习 重点：传球手型		4 列横队，每 2 组轮流练习。先原地练习，相互观摩；后看教师手势移动传球。
		（3）自抛传球 重点：传球手型，传球弧度 8 次 *5 人		同移动练习的 4 组，隔网自抛传球。 传球后到对场接球。排头计数，每人 8 次练习。要求全身协调发力。
		（4）传抛球练习 重点：传球击球点 抛球 8 次 *5 人		同上 4 组，与网平行站位，每半场 2 组。 每组 1 人抛球，其他人轮流传球，距离 4 米左右，每人抛 8 次球。 要求：认真抛好球，配合练习。 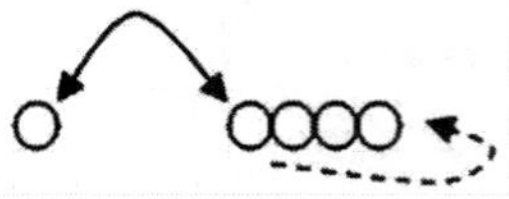
		（5）移动传抛球 重点：移动找球 难点：抛球，找球 抛球 8 次 *5 人		同上分组，同上组织形式。 抛球学生向两侧 1 米左右距离抛球。 教师示范抛球方法并提出要求。 要求：抛球高度合适；移动后站稳传球。
		（6）连续对传练习 重点：传球技术运用 难点：控制球能力，移动能力		同上形式，距离 3 米左右，1 人在一侧传球，其他人在另一侧轮流传球。不要求连续次数。 教师轮流带各组学生传球。 要求：控制传球的距离和高度。

部分	时间	教学内容	分量	组织教法
		2. 学习正面双手垫球 （1）示范讲解 （2）徒手模仿练习 重点：全身协调发力，腿部动作 （3）垫固定球练习 重点：手臂触球部位 8 次＊2 人＊2 组 （4）垫抛球练习 重点：垫球完整动作，找球 8 次＊2 人＊2 组 （5）移动垫抛球 重点：找球，击球角度 8 次＊2 人＊2 组 （6）尝试 2 人对垫球 3. 复习下手发球 （1）提问动作要领 （2）对挡网练习 重点：抛球、抛击配合 5 次 （3）隔网发球 重点：发球稳定性 难点：重视程度 3 次＊3 组	25' 15'	强调含胸收腹姿势，正确的击球点。 体操队形，先进行手型练习，再全身协调动作练习，最后加移动的练习。 同列 2 人 1 球，1 人持球，1 人练习。教师鸣哨组织练习，并对持球提出要求。 2 人 1 组练习，距离 4 米左右。 要求：认真抛球；认真找好击球部位和击球点；控制间距和垫球高度。 同上分组和练习间距，场地中间学生抛球，两边线附近学生移动垫球。 一组向前移动垫，一组向左右移动垫。 根据学生的掌握情况区别进行练习。 学生主动回答问题，其他学生补充。 2 排学生听哨声轮流练习。 学生自己练习，教师个别纠正动作。 练习稳定后，连续 3 次好球完成 3 组。 要求：减少失误，控制落点。
结束部分	5'	1. 收球，放松 2. 小结发球技术要领 3. 回答学生提问		队列队形，教师小结的同时学生放松手臂和手腕。
见习生安排			场地与器材	
课后小结				

授课周次____周__3__次　　**授课对象**________**日　期**____

课的任务　继续改进正面传、垫球基本技术，逐步提高技术的熟练程度，尝试运用传、垫球技术；初步学习扣球的挥臂动作，形成鞭打动作概念；培养合作精神。

部分	时间	教 学 内 容	分量	组 织 教 法
准备部分	15’	1. 集合、检查出勤、安排见习 2. 宣布本课任务，提出要求 3. 准备活动 各种抛接球、击球、钻球练习， 转身、前抛后接、后抛前接、 全手掌击球、跳起接、钻反弹球、 自传、自垫等	12’	 每人 1 球，体操队形。 全场散开，教师统一安排练习并换项。 30 次 1 组，各完成 2 组练习，第 2 组时统计连续次数。
基本部分	70’	1. 2 人组移动传、垫抛球 重点：改进动作，提高找球能力 10 次 *2 组	10’	学生自愿组合，2 人 1 组，与网垂直练习，传、垫球交替进行，练习距离 4 米左右。移动距离 2 米左右。 教师重点指导纠正动作。 要求：认真抛球到位；保持练习的间距；相互纠正传、垫球技术。
		2. 2 人连续传、垫球 重点：技术运用能力	10’	同上分组，先讲解传、垫球技术选择的一般原则，如何进行配合，然后再练习。 要求：尽量用正确的动作击球；大胆果断地做动作。
		3. 隔网传、垫球比赛 重点：技术运用能力和意识	25’	将学生分成 2 组，比赛以用传垫球技术为主，教师抛球进入比赛。根据学生的水平选择是否运用下手发球进入比赛。3 次击球过网。 15 分球 1 局。累计 15 分，前后排交换位置。若发球进入比赛时学习位置的轮转。 根据时间打局数。 要求：大胆用技术，果断不犹豫。
		4. 学习扣球的挥臂动作 （1）示范讲解	25’	教师面对挡网进行扣球进行示范。 提醒学生观察动作而非出手的球。

部分	时间	教 学 内 容	分量	组 织 教 法
		(2) 徒手挥臂 重点：体会连贯的鞭打动作 8 次 *2 组		体操队形进行练习，集体练习跟随教师模仿。分组练习，学生相互观摩并纠正动作。
		(3) 击球练习 重点：体会全手掌包球 各个高度 5 次击球		每人 1 球，左手持球，右手全手掌击球，从腹前持球到胸前再到头上持球。
		(3) 击打固定球 重点：完整鞭打，全手掌包球 8 次 *2 人 *2 组		同列 2 人 1 组，1 人持球，1 人扣球。 听口令练习，每一次练习都从抬臂做起，强调鞭打、包满球。及时纠正动作。 要求：举球高度合适；相互纠正动作； 注意体会全手掌包球。
		(4) 扣撤手球 重点：完整的挥臂击球动作 10 次 *2 人 *2 组		3 组学生，每人 1 球，对挡网，听哨声分组轮流练习。 左手持球于头上，右手挥击，左手撤手。 要求：认真做好动作，用中等力量击球；相互观摩学习。
		(5) 自抛对挡网扣球 重点：找准击球时机 每人 15 次左右		教师先示范抛球方法和要求，强调抛球的重要性。距挡网 4 米左右练习。 教师及时纠正动作，提醒学生控制用力。 要求：重视并认真抛好球；中等力量击球，注意力在动作上。
结束部分	5'	1. 收球、放松 2. 小结扣球的挥臂动作，进一步强调动作要领 3. 小结传、垫球技术的运用		队列队形同列 2 人 1 组，放松手臂和腰。
见习生安排			场地与器材	
课后小结				

授课周次__周__4__次　　授课对象________日　期____

课的任务　巩固正确的挥臂鞭打动作，改正错误动作；在提高传垫球技术熟练程度的基础上初步学习变方向传、垫球，逐步提高传、垫技术的运用水平；培养团队精神。

部分	时间	教学内容	分量	组织教法
准备部分	20’	1. 集合、检查出勤、安排见习 2. 宣布本课任务，提出要求 3. 准备活动 （1）集中注意力练习		 同列2人1组，体操队形。抓手指游戏。 右手、左手、两手同时。
		（2）双人徒手体操		同上分组，统一练习，要求2人配合好。 适当增加协调性练习。
基本部分	70’	1. 传球练习 重点：改进技术动作，提高熟练程度 累计80次	10’	2人相距4米左右，平行球网排列练习。 教师重点指导纠正动作，并帮助学生能够完成连续传球。可以尝试统计连续传球次数。 要求：主动控制球的落点；注意传球的弧度；相互提醒，相互帮助。
		2. 垫球练习 重点：改进技术动作，提高熟练程度 累计80次	10’	练习的组织形式及分组同传球。 教师同样重点帮助学生纠正动作。 尝试统计连续次数。 要求：动作放松；认真找准手臂的触球部位；注意全身的协调动作；控制发力。
		3. 复习鞭打动作 （1）提问动作要领	20’	学生主动讲解、示范、补充。 教师最后再示范并讲解正确的动作，提醒上次课中出现的错误动作。
		（2）徒手挥臂 8次＊2组		两排学生相对，分组练习，相互观摩纠正。
		（3）对挡网自抛挥臂击球 重点：巩固挥臂击球技术 每人10次左右		每人1球，距挡网3米左右，自抛扣球。进一步强调抛好球。 教师帮助有困难的学生扣固定球。 要求：认真抛球；中等力量击球。

部分	时间	教 学 内 容	分量	组 织 教 法
		（4）扣抛球 重点：挥臂击球速度 每人扣 10 次左右 4. 学习变方向传、垫球 （1）示范讲解 （2）徒手练习 （3）“V”字形传、垫抛球 重点：变方向，找球 抛球 10 次＊3 轮＊2 个技术 （4）连续传、垫球 重点：尝试运用技术	30’	学生分成 3 组，2 米低网前练习，距网 1 米左右。每组 1 人抛球，其他人轮流扣球。教师讲解并示范抛球方法和要求。 要求：认真抛球；找好击球时机；注意安全。 变方向垫球中运用侧垫球技术。 重点体会脚步移动及调整身体方向。传、垫球动作分别练习。 学生 4～5 人 1 组，每半场 2 组练习。 每组 2 人抛球，其他人轮流传球和垫球。 传、垫球分别练习。 要求：认真抛球，协助练习；保持好练习距离。 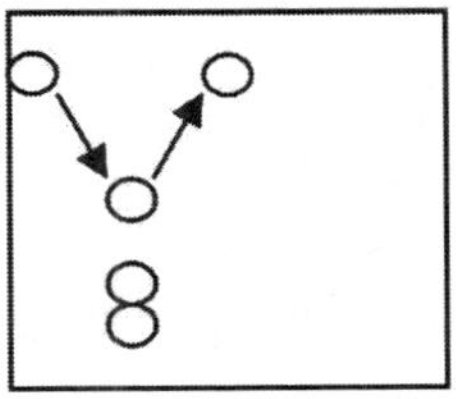 各组围成圈，用 1 球连续传、垫球。 顺时针、逆时针方向。 要求：移动调整方向；注意击球高度；移动接应同伴；加强配合。 选出 2 组练习，给予评价。
结束部分	5’	1. 收球 2. 小结挥臂技术掌握情况 3. 小结变方向传、垫球的掌握情况		强调要领。 结合前面的讲评，讲解练习技巧。
见习生安排			场地与器材	
课后小结				

授课周次__**周**__5__**次**　　**授课对象**________**日　期**____

课的任务　在改进传、垫球基本技术的基础上，提高传、垫球技术的串联意识及能力；巩固上肢鞭打动作；初步学习上手发球；培养团队精神和互助意识。

部分	时间	教 学 内 容	分量	组 织 教 法
准备部分	15’	1. 集合，检查出勤，安排见习 2. 宣布本课任务及要求 3. 准备活动 （1）球操	12’	 体操队形，每人 1 球，单手持球做操。
		（2）各种钻、抛、击球练习 钻反弹球；跨下抛转身接鞭打击球 每项练习 5 ~ 8 次		散开的体操队形，教师统一换项练习。 要求：认真、准确。
基本部分	30’	1. 扣传球 重点：传球高度，扣球挥臂速度 难点：击球时机和传球质量 4 ~ 5 次交换	10’	2 人 1 组，相距 6 ~ 7 米，面对面练习。1 人自抛传球，1 人原地扣同伴传来的球。 要求：传球注意全身发力，高度合适；扣球认真找好击球时机，注意鞭打动作，打准包满。
		2. 围圈传、垫球 重点：技术运用，串联意识 累计 80 次左右	8’	分成 4 组围圈练习。教师进一步讲解选择传、垫球技术的基本原则。 练习 5 分钟后讲评，并提出进一步练习的要求，再继续练习。 要求：正确选择传、垫球技术；加强呼应和接应，尽量不让球落地。
		3. 垫、传串联 重点：到位、接应意识 难点：垫球质量 每人抛 8 次球交换	17’	学生分为 4 组，在两边场地的 2、4 号区练习，距网 2 米左右。 1 人前排抛球，1 人接应传球，其他人轮流在后场垫球。 要求：抛球到位；明确击球目标；注意击球高度；传球学生移动找好击球点。 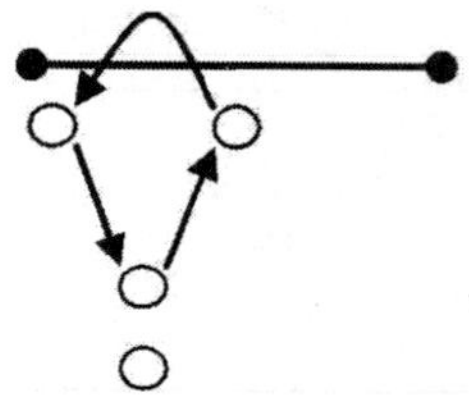

部分	时间	教学内容	分量	组织教法
		4. 传、垫球比赛 重点：技术运用，串联意识 难点：来回球次数	25’	学生分为2组，多人大轮转进行对抗比赛，下手发球进入比赛。学习位置的轮转。轮转到6号位时下场，换1人上场。 15分一局。 要求：用好传、垫球技术；争取3次击球过网；第3次击球可原地扣。
		5. 学习上手发球 （1）示范讲解 （2）抛球练习 （3）中场隔网发球 （4）端线发球	10’	 与鞭打技术动作对比进行示范和讲解； 强调抛球的位置。 强调抛球的位置。 5人1组，在中场听哨声发球过网。 两边场地对发，教师个别纠正。
结束部分	5’	1. 收球 2. 小结传、垫技术的运用 3. 小结发球技术掌握情况		启发学生讨论比赛中传、垫球技术运用的体会。 归纳出现的错误，提出解决办法。
见习生安排			场地与器材	
课后小结				

授课周次__**周**__6__**次**　　**授课对象**________**日　期**____

课的任务　初步学习双脚助跑起跳；在改进垫球基本技术的基础上学习接发球垫球；复习上手发球，巩固上旋球手法；进一步培养球感和排球的串联意识。

部分	时间	教学内容	分量	组织教法
准备部分	15’	1. 集合，检查出勤，安排见习 2. 宣布本课任务及要求 3. 准备活动 （1）双人球操		 同列2人1组，每人1球，2人持2球练习。 要求：加强配合。
		（2）游戏“抢断球”		同上分组，全场散开。 运球的同时，打掉同伴所运的球。3局2胜。 要求：积极；动脑；坚持。
基本部分	70’	1. 围圈传、垫球 累计100次	10’	4～5人1组，围成圈进行传、垫练习。 练习一段时间后，比哪组连续次数多。 要求：合理用传、垫球技术；击球目标明确；加强呼应、接应，尽量连续。
		2. 学习接发球垫球 （1）示范讲解	30’	请学生发球协助示范，对比一般垫球进行讲解。强调判断、移动和如何根据来球的落点调节手臂角度。
		（2）分组发、接练习 重点：基本动作，判断移动 难点：对速度的判断和后退击球 每人发球5次交换		将学生分为4组，各组1人网前发球，其他人端线后轮流接发球，距离9米以上。教师轮组带领练习。 要求：接发球时提前准备；积极移动找球；注意垫球高度合适。
		（3）6人半场接发球 重点：接发球技术运用，发、接对抗意识 难点：前后排之间的配合		两边场地各上6人，站成前后两排，准备接发球。其他人在端线外轮流准备发球。教师鸣哨两边各发1球。发10次球后，换6人接发球。允许尝试上手发球。 要求：充分准备接发球；学习配合；发球减少失误。
		3. 学习助跑起跳 （1）示范讲解	20’	

部分	时间	教学内容	分量	组织教法
		（2）原地双脚起跳 5次 （3）跨步踏跳 8次 （4）2步助跑起跳 3次*2组 （5）网前助跑起跳 3~5组		体操队形，强调摆臂动作。 集体练习，从边线到边线做一趟。 分组练习，进行个别纠正，再做一趟。 分组练习，边线至边线之间来回练习。 球网两侧，各3人1组，听哨声轮流练习，强调制动、保持适当的人网关系。 要求：所有助跑起跳练习都要严格按动作方法完成，并逐步达到熟练的程度，不可随意完成。
		4. 复习上手发球 （1）场内轮流发球 5~6次 （2）端线发球 连续5次*2组	10’	在距网6~7米处分组练习。 听哨声轮流进行，要求打出上旋球。 学生自主练习，教师纠正动作。 尝试连续5次发球中有3次好球。 要求：认真抛球；注意鞭打动作；力争打满球。
结束部分	5’	1. 收球 2. 小结新学技术掌握情况		提问学生接发球要点和助跑起跳要领。
见习生安排			场地与器材	
课后小结				

授课周次__周__7__次　　授课对象________日　期___

课的任务　进一步强调助跑起跳的动作要领，逐步提高其找球能力；培养接发球的判断意识，以及控制球意识；培养基本技术的运用能力及敬业精神。

部分	时间	教学内容	分量	组织教法
准备部分	15’	1. 集合，检查出勤，安排见习 2. 宣布本课任务及要求 3. 准备活动		
		（1）原地徒手体操		体操队形。协调性练习。 要求：大胆完成动作，不怕出错。
		（2）推晃、绞力游戏		同列2人1组，同上体操队形。 先作推晃练习，然后绞力练习。 要求：积极；动脑；坚持。
基本部分	70’	1. 2人对垫球 连续15~20次*2组	8’	学生自愿组合。重点纠正手臂触球部位，在此基础上，增加连续垫球次数。 要求：认真改进动作；逐步增加控制球的意识和移动接应同伴的意识。
		2. 1发1接 重点：巩固接发球技术 10次*2人*2组	12’	2人相距9米左右，分站两边线附近。 采用下手发球技术。 一传垫到中场，发球后移动接住一传。 要求：尽量发准球；垫球加强判断和移动；发球后迅速移动接应垫球。
		3. 复习助跑起跳 （1）网前徒手练习 3次*3组*2轮练习	10’	先示范并强调动作要领。 网两侧4~5人1组，听哨声轮流练习。 先做2次单个练习，然后连续助跑起跳。
		（2）助跑起跳接抛球 6次*4人*2组		3组学生球网同侧练习。每组1人抛球，其他人轮流助跑起跳接球。抛6次交换。 教师先示范并讲解抛球（自抛传球）的方法和要求。 第2组时抛球改为自抛传球。 要求：运用正确的助跑起跳方法；在空中最高点接球；不扣球、不前冲碰网；认真抛球和传球。

部分	时间	教学内容	分量	组织教法
		4. 发球加接发球 重点：发球的稳定性 每2分钟交换接发球人	10’	以练习发球为主。强调认真抛球。 3人在场内接发球，其他人发球。 教师根据时间组织交换接发球人。 要求：发球减少失误，并有意识选择接发球人；接发球加强判断，积极移动接球。
		5. 6对6比赛 重点：技术运用能力	30’	列队自然分成2组，多人大轮转，转到6号位时下场，换场下1名学生上场。或者下一局时换人上场，各组学生自己选择。15分1局，3局2胜。 比赛中，教师不断分析和讲解学生的技术运用。不断强调相互间的串联与接应。允许扣球。 要求：发球减少失误，发过网即可；争取2～3次击球再过网；大胆用技术，不怕失误；不埋怨。 场下学生观摩比赛，也可以进行对挡网发球或扣球等练习。
结束部分	5’	1. 收球 2. 小结传、垫、发球技术的运用		启发学生相互交流比赛体会。
见习生安排			场地与器材	
课后小结				

授课周次____周__8__次　　授课对象________日　期____

课的任务　复习传球和垫球基本技术，在此基础上学习网前二传运用；在复习助跑起跳和扣球挥臂技术的基础上学习完整的扣球技术；介绍5人“W”接发球基本阵形。

部分	时间	教学内容	分量	组织教法
准备部分	15’	1. 集合，检查出勤，安排见习生 2. 宣布本课任务，提出要求 3. 准备活动		
		（1）球操		每人1球，体操队形，抛接球操。
		（2）各种击球练习		同上练习队形，每人1球，全身各部位击球，包括原地传、垫球。 要求：尽可能地主动控制球。
基本部分	70’	1. 2人组传、垫球	7’	学生自愿组合，并要求适当固定为考试作准备。距离4米左右。传、垫球技术结合运用。不计连续次数。 要求：注意正确的传、垫球技术并相互纠正动作；合理选择传、垫球技术，果断击球。
		2. 4人组传、垫球	8’	以上练习就近2组学生合为1组，用1球练习。不限制技术的运用。不计连续次数。 要求：合理选择技术；面对击球方向完成击球；注意接应同伴的来球。
		3. 学习网前二传球	15’	
		（1）示范讲解		网前示范。
		（2）网前自抛传球 每人4次传球后交换方向		4组学生，在球网两侧，分别从3号位向2、4号位自抛传球，传球后接下1位同学的传球，并给予评价。 要求：参照球网调整传球效果。
		（3）传抛球 每人8次传球后交换方向		同上4组，1人在3米线附近抛球，其他人在网前3号位轮流传球到4号位或2号位。 每人传2次球后换人抛球。 要求：抛球到位，传球到位。
		4. 原地自抛扣球	7’	2人1组，距离7米左右，自抛扣球并相互纠正动作。

部分	时间	教 学 内 容	分量	组 织 教 法
		5. 助跑起跳练习 （1）网前徒手助跑起跳	8’	先请学生示范，帮助学生回忆动作。 分组在场地两边的 3 米线附近练习，3 人 1 组，教师鸣哨轮流换组练习。 要求：动作协调，不碰网、不过线。
		（2）加挥臂动作的助跑起跳		教师先示范动作方法并讲解要领。 练习组织形式同上一练习。 要求：同上一练习。
		6. 学习完整的扣球技术 （1）扣低抛球或固定球	15’	球网同侧 3 点练习。教师抛低球组织练习，另外 2 点由学生在凳子上举球进行练习。持球距离球网 50 厘米左右。
		（2）扣一般抛球		同上 3 点练习，抛高于球网上沿 2 米左右的球，学生 3 点轮流练习。
		7. 介绍 5 人“W”接发球阵形 学习基本站位、分工与配合	10’	教师布阵讲解，6 名学生上场协助讲解。 先学习排球场上的位置关系，然后是“W”接发球阵形。 讲解结束交换学生，两边场地各上 6 名学生轮转学习站位。
结束部分	5’	1. 收球 2. 小结技术练习效果及 5 人接发球阵形		队列队形。回答学生提问。
见习生安排			场地与器材	
课后小结				

授课周次__**周**__9__**次**　　**授课对象**________**日　期**____

课的任务　复习网前二传，明确二传职责；培养一传、二传的串联意识；巩固完整的扣球技术，并逐步提高找球能力；掌握“一三二”接发球阵形；培养敬业精神。

部分	时间	教学内容	分量	组织教法
准备部分	15’	1. 集合，检查出勤，安排见习 2. 宣布本课任务及要求 3. 准备活动 （1）双人徒手操 （2）2 人对传、对垫球 累计 50 次＊2 组		 同列 2 人 1 组，体操队形。 从上肢到下肢练习，然后是配合练习。 同上 2 人 1 组，距离 5 米左右练习。
基本部分	70’	1. 复习网前正面二传 （1）提问、讲解 （2）传抛球或垫球 重点：二传移动传球 6 次＊5 人＊2 组	20’	请学生示范并讲解要领，教师归纳。 将学生分成 4 组，2 个方向传球。每人抛 5 次球交换。轮流接球。 教师轮组进行抛球并指导练习。 然后合并为 2 个组，改为隔网抛球，垫球上网，网前传球。 要求：2 个练习均参照球网，调整传球的高度与网距。 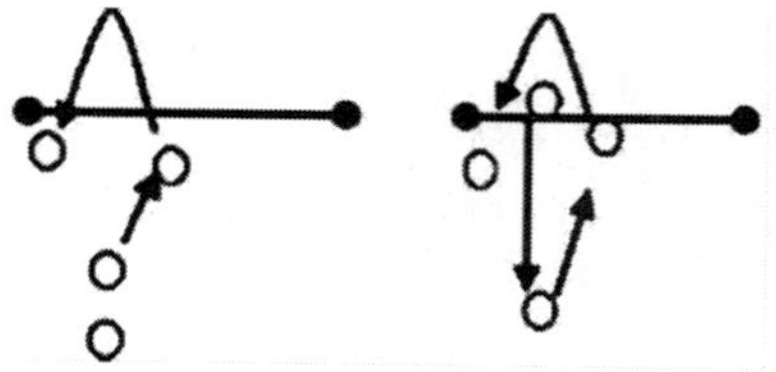
		2. 自抛扣球 重点：鞭打动作 每人 10 次	8’	2 人 1 组面对面练习。进一步讲解要领并纠正动作。强调认真抛好球。 要求：中等力量；注意鞭打动作。
		3. 助跑起跳练习 重点：助跑的熟练程度 3 次＊4 组＊2 组	7’	同练习 1 的 4 组，网每边 2 组，连续 3 次助跑起跳后换组练习。 第 2 组增加挥臂动作。 要求：注意制动和网距。

部分	时间	教 学 内 容	分量	组 织 教 法
		4. 完整扣球动作 （1）提问并示范讲解 （2）一步起跳扣抛球 重点：踏跳步，完整的鞭打动作 （3）扣抛球	15’	 请学生徒手示范，讲解动作要领。 球网同侧两点练习，教给学生如何抛球。 教师抛球、学生轮流抛球。 学生站在距网 2 米左右，等球抛出后，踏步起跳扣球。 要求：起跳时间合适；离网距离合适；动作连贯；完成好鞭打动作。 同上，2 点练习，教师、学生抛球。 等球抛出后开始助跑起跳。
		5. 5 人接发球阵形练习 （1）提问并讲解 （2）上场演示 （3）接发球练习	20’	 提问场上基本位置，用图讲解场上基本位置；接发球位置、职责分工与配合等。 两边场地各 6 人上场进行轮转站位，然后换 6 人，直至所有学生都上场练习。 两边同时进行，6 人轮转接发球，教师在边线外发球，每边发 2 次球后两边轮转。 可以来回击球比赛。
结束部分	5’	1. 收球 2. 小结传、垫球串联和接发球阵形		进一步帮助学生理解接发球站位和二传的接应作用。
见习生安排			场地与器材	
课后小结				

授课周次__**周**__10__**次**　**授课对象**________**日　期**____

课的任务　提高侧面垫球技术的运用能力，学习在4号位扣球；逐步提高一传与二传的串联水平；培养技术运用能力和球场意识；培养团队精神。

部分	时间	教 学 内 容	分量	组 织 教 法
准备部分	15'	1. 集合、检查出勤、安排见习 2. 宣布课任务，提出要求和安全注意事项 3. 准备活动 （1）徒手体操		 牵拉练习。 协调性练习。 从头部到脚顺序练习。 要求：不怕出错，坚持完成；相互帮助。
		（2）2人对传、对垫 传球连续30次＊2组 垫球连续30次＊2组	7'	固定组合。 教师重点指导垫球技术。 要求：在完成数量的同时，注意动作的规范性；注意传、垫球的效果。
基本部分	70'	1. 一传、二传串联	10'	将学生分成4组，球网两侧各2组练习。 1组学生在6号位附近轮流接发球。 另1组学生部分在网前传球，部分学生在对场端线处下手发球。教师重点指导接发球，指导运用侧垫球技术。 5分钟后2组交换。 要求：接发球提前移动，找好击球点；传球积极移动，将球尽量传（垫）到网前适当的位置。认真发球，减少失误。
		2. 学习4号位扣球 （1）示范讲解	20'	在4号位如何运用扣球技术，讲解为什么要先外绕，然后上步扣球。
		（2）一步起跳扣抛球		纠正踏跳步法问题。
		（3）4号位扣抛球 6次＊5～7人＊4组＊2组		将学生分成4组，在网两侧4号位，轮流扣抛球。2组扣球，2组捡球。 教师抛球，学生抛球。抛球的落点、高度和弧度尽量固定。

部分	时间	教学内容	分量	组织教法
		（4）4 号位扣传球		学生自愿轮流当二传。专人抛球给二传学生。 要求：耐心找好球；相互观摩学习；捡球的学生负责，保证用球安全。
		5. 分组教学比赛 重点：5 人接发球，二传能力 难点：技术运用意识，控制球能力	40’	学生分成 3 组，多人轮转，并进行单循环比赛。 允许组织进攻，且对组成进攻加 1 分。 要求：增加串联，组织进攻，用好接发球阵形。
结束部分	5’	1. 收球 2. 小结扣球和技术的运用		重点总结扣球的找球能力和比赛时二传的接应能力。
见习生安排			场地与器材	
课后小结				

授课周次__**周**__11__**次**　　**授课对象**________**日　期**___

课的任务　逐步提高4号位扣球的找球能力；初步学习调整传球，通过调整传球的练习，改善传球发力的协调性；培养串联意识与合作精神。

部分	时间	教学内容	分量	组织教法
准备部分	15’	1. 集合、检查出勤、安排见习 2. 宣布课任务，提出要求及安全注意事项 3. 准备活动 （1）原地徒手体操 （2）隔网对传球 重点：传球的协调发力 难点：控制球、移动找好击球点		 体操队形。协调性练习。 要求：动作到位，大胆尝试。 前后排各为1组。每组学生各在球网两侧3米线附近。先做自抛传球，然后连续传球，传球后排到队尾。 自抛传球时，要求站在3米线后面。 对传时不限制距离，比2组的连续次数。
基本部分	70’	1. 学习调整传球 （1）示范讲解 （2）自抛传球 重点：全身协调发力 6次*2个位置	15’	学生站场地边线附近，教师在中后场传球至网前2或4号位，请学生抛球协助示范。 4组学生，分别在两半场练习。从1、5号位自抛传球至4、2号位。注意发力环节，力争传到位。 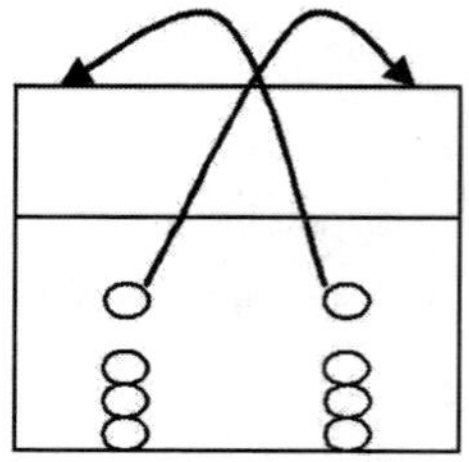
		（3）传抛球 重点：找准击球点，协调发力 难点：移动调整好击球点 6次*2个位置		2人1组，1号位抛球5号位学生传向2号位，5号位抛球1号位学生传向4号位。 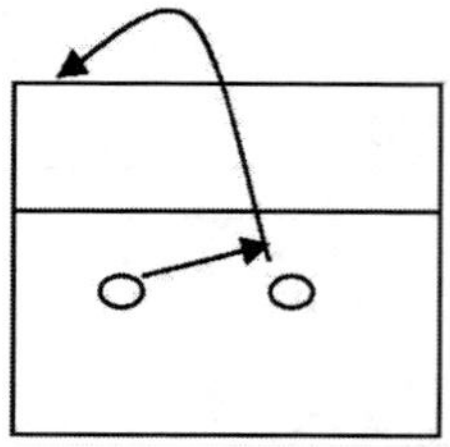

部分	时间	教 学 内 容	分量	组 织 教 法
		2. 4 号位扣球 重点：复习扣球和二传技术	8’	两边场地同时进行。 一边教师抛球，一边学生自抛传球，每人传 5 次好球。 要求：攻手认真、主动地找好球。
		3. 垫、传、扣串联 重点：垫球效果，传球移动能力 难点：传球的移动接应	12’	学生分成 3 组，1 组垫，1 组传，1 组扣球。 教师隔网抛球，垫球组排头学生计数，5 次后 3 组轮换。 比各组的垫、传、扣球技术的控制球能力和击球效果。
		4. 发球练习	5’	两端线练习。重点练习下手发球，少数学生可以练习上手发球。进一步纠正动作。每人发 10 次好球。 先完成的学生进场内接发球。
		5. 6 对 6 教学比赛 重点：传球意识	30’	队列自然分成 3 组，进行循环赛。 鼓励运用传球技术，组成进攻并得分者加 1 分。15 分 1 局，共 3 局比赛。
结束部分	5’	1. 收球 2. 小结垫球效果和网前二传意识		教师就比赛中的典型垫球和传球运用进行分析。
见习生安排			场地与器材	
课后小结				

授课周次__**周**__12__**次**　　**授课对象**________**日　期**___

课的任务　进一步提高垫、传、扣的串联水平，提高调整传球的运用能力；初步学习背垫球技术，提高找球能力；培养互助合作和敬业精神。

部分	时间	教 学 内 容	分量	组 织 教 法
准备部分	15’	1. 集合、检查出勤、安排见习 2. 宣布课任务，提出要求及安全注意事项。 3. 准备活动		
		（1）进行间徒手体操		4人1组，做操从端线至中线，然后从场地边线外慢跑返回到队尾。教师用口令指挥练习。 要求：动作到位，慢跑回来。
		（2）行进间传球 每人每个位置练习5次		2人1组，学生自愿组合，每半场5～6组，各组轮流练习。 2人相距4～5米，从端线对传至网前。 要求：中间尽量不丢球，连续传到网前。
基本部分	70’	1. 移动调整传球 排头计数8次练习	12’	两半场各1组练习，教师（学生）在网前3号位处抛球，学生在6号位准备练习。抛向5号位的球，学生移动传向2号位；抛向1号位的球，学生传向4号位。传完球后随球上网接下1人传球。 要求：注意发力动作，并尽可能传到位。
		2. 学习背垫球 （1）示范讲解	18’	
		（2）垫抛球 6次*2人*4组 每个练习2组		2人1组，2人同方向平行站在边线处，1人向前抛球，1人移动垫球。 练习的学生面对抛球学生，等球抛出后，边转身边移动把球背垫回来。
		（3）结合场地垫球		在同半场的1、5号区练习。 1组教师抛球，1组学生轮流尝试抛球。 练习学生面对球网在3米线附近准备，根据抛球的情况边转身边移动，将球背垫到网前或背垫过网。 要求：判断球的同时转身、移动；控制垫球方向和力量。

部分	时间	教 学 内 容	分量	组 织 教 法
		3. 4 号位扣球 重点：传、扣球的串联 难点：传球质量，扣球步法	10’	学生轮流作二传，扣球的学生不拿球，后面学生给二传抛球。两边4 号位同时进行，每人传5 次好球交换。 一定时间练习后，改为教师隔网抛球，原来抛球给二传的学生垫球给二传。 要求：二传和扣球的学生积极找好球。
		4. 分组教学比赛 重点：提高垫、传、扣的串联水平	30’	基本同上次课分成的 3 组，继续进行循环赛。比赛前先进行发球练习。 15 分一局。 场下学生可以学习、练习、加油。 要求：减少发球失误；多组织进攻；用好所学技术。
结束部分	5’	1. 收球 2. 小结比赛中技术的运用，重点交流接应意识		学生先小结，然后教师归纳。
见习生安排			场地与器材	
课后小结				

授课周次__**周**__13__**次**　**授课对象**________**日　期**____

课的任务　改进扣球挥臂技术，提高鞭打动作的熟练程度；初步学习接扣球、垫球，培养勇敢精神；进一步培养串联意识和技术运用能力；提高协调性和配合能力。

部分	时间	教 学 内 容	分量	组 织 教 法
准备部分	15’	1. 集合、检查出勤、安排见习 2. 宣布课任务，提出要求及安全注意事项 3. 准备活动		
		（1）双人徒手体操		体操队形，同列2人1组。 要求：加强配合；听口令按节奏练习；动作到位。
		（2）2人配合比赛 推“小车”、“划船”比赛		同上2人1组，边线至边线间练习。 要求：加强配合，不怕脏。
基本部分	70’	1. 传、垫球练习 重点：传、垫技术熟练程度 难点：认真程度，个别差异 累计100次	8’	4人1组，将准备活动的2组合为1组。距离4米左右。对传、垫，人不随球跑动。累计100次，看哪组先完成。  要求：注意基本动作；合理选择传、垫球技术；主动控制击球高度。
		2. 扣球挥臂练习 重点：纠正动作，控制球	7’	同上分组，用1球。相距6米左右。轮流进行自抛扣球。 要求：包满球；尽可能打到同伴脚前。
		3. 学习接扣球防守 （1）示范讲解 （2）接住扣球 重点：体会缓冲 难点：扣球的准确性 每人扣5次	20’	同上练习分组，学习缓冲。  要求：认真扣球，注意鞭打动作，中等力量；大胆接住球。
		（3）垫起扣球 每人扣球8次		同上形式，由接住球改为垫起球。 要求：认真扣球；放松、大胆垫球。

部分	时间	教学内容	分量	组织教法
		（4）传→扣→防→传串联 重点：练习兴趣 难点：传球质量，扣球的准确性 每人扣球 5 次		同上形式。 扣球的同学扣同伴传来的球，再把防起的球传给同伴。下一防守同学再进行同样的练习。每人扣5 次球交换。若扣传来的球有困难，改为自抛扣球。 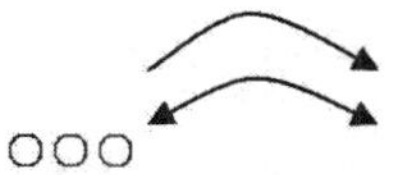 要求：加强移动找球；主动控制球；认真练习。
		4. 分组教学比赛	35’	将学生分成 2 ~3 组。每个学生都上场。 2 组学生的话，打 3 局 2 胜比赛。 3 组的话，21 分 1 局，依时间打局数。 要求：努力组织进攻，提高防守的意识；提前准备防守并运用接扣球的技术；主动学习如何判断扣球。
结束部分	5’	1. 收球 2. 小结扣球、防守技术的掌握 3. 小结比赛情况		先由学生小结、补充。然后教师归纳。
见习生安排			场地与器材	
课后小结				

授课周次__**周**__14__**次**　**授课对象**________**日　期**___

课的任务　了解并欣赏排球比赛中的主要技术动作；介绍并分析主要技术的动作方法和动作要领；归纳技术教学的基本步骤。

部分	时间	教学内容	分量	组织教法
准备部分	5'	1. 检查出勤		
		2. 宣布本课任务，提出要求		
		3. 提问学生已学过的技术动作	4'	讨论。
基本部分	80'	1. 欣赏排球技术动作剪接	3'	视频幻灯，反复放2遍。
		2. 排球技术的分类	7'	讲解。
		3. 各类技术动作方法	40'	讲解并观看视频课件。
		4. 技术在比赛中的运用	20'	观看北京奥运会女排比赛录像。
		5. 归纳主要技术的教学步骤	10'	提问，帮助学生回顾，然后教师讲解归纳。
结束部分	5'	回答学生提问		
课后小结				

授课周次___**周** 15 **次**　　**授课对象**________**日　期**____

课的任务　初步学习上飘发球技术，理解飘球与旋转球的区别；巩固接扣球、垫球的技术动作，逐步提高扣、防、传的串联意识和能力；介绍扣调整球，提高扣球的找球能力。

部分	时间	教 学 内 容	分量	组 织 教 法
准备部分	25’	1. 集合，检查出勤，安排见习 2. 宣布课任务，提出要求及安全注意事项 3. 准备活动 （1）双人球操		 同列 2 人 1 组，站在两边线附近，用 1 个球对抛。以活动上肢为主。 要求：抛球准确；接住同伴的抛球。
		（2）2 人对传、对垫球	15’	学生自愿组合，相距 4 ~ 5 米。各组错开在两边线附近练习。 分别练习传球和垫球，尽量连续。 教师重点帮助有困难的组。 然后各组进行测试。每组 1 次机会，先传，后垫。 先完成的组可以率先进入下面的练习。
基本部分	60’	1. 自抛扣球 每人 10 次左右	8’	同上 2 人 1 组，分站两边线附近。 高抛打满，挂肘上旋。 教师帮助纠正动作，有针对性地指导。 要求：认真体会动作，并尽量控制球的落点。
		2. 扣、防、传串联	17’	先自抛扣球——防守， 再扣同伴传来球——防守， 最后 2 人连续扣球——垫球——传球。 要求：注意扣球动作；积极移动防守和接应防守；逐步增加串联的次数。
		3. 介绍扣调整球 （1）示范讲解 （2）扣球练习	15’	教师传球，然后学生尝试传球。 球网两侧 4 号位同时进行。 教师一边观察和纠正动作，一边保护传球学生。对扣球线路提出适当要求。

部分	时间	教学内容	分量	组织教法
		4. 学习上手发飘球 （1）示范、讲解 （2）徒手练习 重点：挥臂轨迹 （3）对挡网发球 重点：抛、击配合 （4）隔网发球 重点：完整动作 难点：认真抛球 （5）发接练习	20’	体操队形练习，重点体会挥臂的最后平动过程。 2 大组“一”字排开，距离挡网 5 米左右，听教师鸣哨 2 组轮流练习。 要求：认真地击准球，使球不旋转。 先在 7 米处发，球网两侧轮流练习。听教师鸣哨发球。逐步增加发球距离，最后到端线发球。教师个别指导。 要求：认真抛球；注视球，击准球。 分成 4 组，2 组发球，2 组接发球。 听哨声两边同时练习。 每人发 5 个好球后 2 组交换。
结束部分	5’	1. 收球 2. 小结旋转球与飘球的手法区别		提问两种性能球的发球原理，请掌握较好的学生示范。
见习生安排			场地与器材	
课后小结				

授课周次__周__16__次　　授课对象________日　期___

课的任务　<u>初步学习在2号位扣球；巩固上飘发球手法，增加发球的攻击性；介绍背传球技术，初步掌握“中一二”接发球进攻阵形，培养组织进攻意识。</u>

部分	时间	教 学 内 容	分量	组 织 教 法
准备部分	15’	1. 集合，检查出勤，安排见习 2. 宣布课任务，提出要求及安全注意事项 3. 准备活动		
		（1）提高兴奋性练习		同列2人1组，击打手背。
		（2）原地徒手体操		体操队形。牵拉肌肉和韧带。 协调性练习。
基本部分	70’	1. 行进间自传球 重点：自传球的击球点 2个来回	5’	同上体操队形，每人1球。 2组轮流练习，从边线至边线来回。 前进自传，后退自传。 要求：球离手50cm以上；主动控制球；体会前行与后退时传球的区别。
		2. 学习背传球 （1）示范讲解 （2）徒手试做	15’	结合自传练习提问，再讲解。 体操队形，听口令体会背弓传出。 要求：注意保持好正确的击球点。
		（3）传抛球 重点：找准击球点 8次＊2组		3人1组，2人抛1人传球，传球8次后换人练习传球。 
		（4）网前变方向背传 难点：方位、击球点 每人5～8次		2大组两边2号位尝试轮流抛球。 要求：清楚与球网的关系；控制用力。
		3. 学习2号位扣球 （1）示范、讲解 （2）徒手练习	15’	2组在两半场练习，注意与4号位扣球的区别。 要求：面对球网起跳，想象球的位置。
		（3）扣抛球 难点：找球		两边2号位，教师、学生分别抛球。

部分	时间	教 学 内 容	分量	组 织 教 法
		（4）扣传球		同上，球网两侧练习，一侧教师传球，另一侧学生尝试背传球，学生（教师）抛球。 要求：找好起跳点，动作不变形。
		4. 学习“中一二”接发球进攻	25’	
		（1）“中一二”进攻		教师在3号位传球，学生分别站在2、4号位准备扣球。学生抛球。 然后学生二传尝试组织进攻，教师抛球。
		（2）加垫球组织“中一二”进攻		垫球较好的学生垫球，学生二传，其他人扣球。教师隔网抛球。一定次数后换垫球和二传人。
		（3）6人接发球“中一二”进攻 3次抛球*6轮*2组		每半场6人，教师边线外隔网下手发球，每边给3球后转一轮。每轮进行比赛，然后6轮累计比分。胜队继续练习，输队换场下学生。
		5. 复习上飘发球 （1）提问动作要领 （2）隔网近距离发球 5次 （3）端线发球 3次*3组	10’	以纠正手法为主。 3个球1组，每人完成3组。要求发球有一定速度。教师进行个别指导。 要求：认真抛好球；击准球。
结束部分	5’	1. 收球 2. 小结“中一二”进攻阵形，解答学生提问		队列队形，教师讲解、解答。
见习生安排			场地与器材	
课后小结				

授课周次__**周**__17__**次**　　**授课对象**________**日　期**___

课的任务　初步学习单人拦网的手法和步法；复习 2 号位扣球；加深理解“中一二”接发球进攻阵形，并提高在比赛中的运用能力；培养排球比赛意识与合作精神。

部分	时间	教学内容	分量	组织教法
准备部分	15’	1. 集合，检查出勤，安排见习 2. 宣布课任务，提出要求及安全注意事项 3. 准备活动		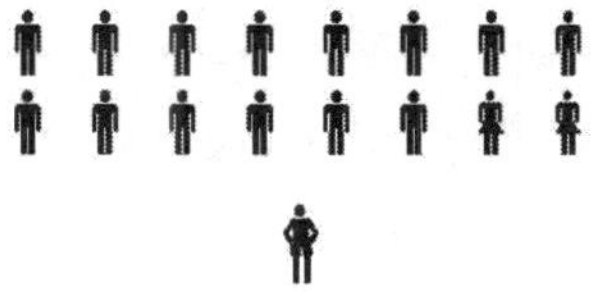
		（1）双人球操	12’	体操队形，同列 2 人 1 组，每人 1 球。 2 人持 2 球练习。 要求：加强配合，协调一致。
		（2）游戏“冲封锁线” 2 组比赛		前后排之间对抗。排球场两边端线之间游戏。 每人 1 球，只能用 1 球。 比哪组冲过“封锁线”的人多。 提示学生进行战术考虑。
基本部分	70’	1. 2 人传、垫球 重点：配合与熟练 传、垫球各连续 30 次	8’	学生自愿组合。教师适当调整，教师给予重点指导。 先完成的学生练习背传球： 自传→转身背传给同伴。 要求：完成规定数量；注意传、垫球的弧度和高度。
		2. 2 人扣→垫→传串联 重点：增加练习兴趣，提高串联意识	7’	同上分组。完成传、垫球练习的组进行此项练习。 先扣同伴的自抛传球→防守。 然后连续进行扣、垫、传，争取 2 个来回。 要求：主动控制球，为同伴创造机会。
		3. 学习单人拦网 （1）示范讲解 （2）徒手伸臂练习 重点：提肩动作	15’	体操队形，听教师鸣哨统一练习。
		（3）网前起跳拦网 重点：收腹、提肩动作 难点：控制动作、抑制兴奋过度 3 次 * 2 组 * 2 组		网两侧各 2 组轮流练习。 要求：不碰网；体会伸臂动作；尽量延长滞空时间。

部分	时间	教 学 内 容	分量	组 织 教 法
		(4) 移动徒手拦网 重点：体会移动步法 难点：腰腹控制身体重心 4 次 *2 组 *2 组		同上队形，先做并步移动拦网，再做交叉步拦网。 教师鸣哨练习，同时向左或右移动拦网。 要求：制动；踏跳；控制重心不碰网。
		4. 2、4 号位扣球 重点：熟练扣球，传球有信心	10'	网同侧进行，先由教师和传球较好的学生传球，然后由学生自愿轮流传球。 要求：认真找球；减少失误；注意扣球的助跑起跳动作。
		5. 分组教学比赛 (1) 提问“中一二”接发球进攻阵形	30'	6 人上场，请学生讲解基本阵形。
		(2) 分组教学比赛 重点：组织“中一二”进攻 难点：接发球效果		队列报数自然分成 3 组。 15 分 1 局，根据时间打局数。 组成“中一二”接发球进攻并得分时追加 1 分。 场下学生进行传、垫球练习或计分。 要求：发球减少失误；担当二传的学生大胆组织进攻；攻手要主动弥补。
结束部分	5'	1. 收球 2. 小结比赛中技术和战术的运用		教师根据比赛情况进行小结。
见习生安排			场地与器材	
课后小结				

授课周次__周__18__次　　**授课对象**________**日　期**___

课的任务　改进拦网手臂动作，培养单人拦网的判断意识；初步学习单人拦网的防守阵形；进一步掌握“中一二”进攻阵形，体会攻防的对抗；培养串联意识。

部分	时间	教学内容	分量	组织教法
准备部分	15’	1. 集合，检查出勤，安排见习 2. 宣布课任务，提出要求及安全注意事项 3. 准备活动 （1）原地徒手体操 （2）对传、对垫球 连续传球、垫球各30次		 2排体操队形练习，牵拉关节韧带和肌肉。 2人1组对传、对垫。 学生自愿组合，2人距离4米左右。 要求：注意传、垫球的质量，主动控制球。
基本部分	70’	1. 扣→垫→传串联练习 重点：串联意识 难点：扣球的控制能力 每人扣8次球交换	15’	上一练习2组合为1组。每半场2组练习。每组1人网前自抛扣球，1人接应传球，另2人准备垫球防守。根据练习效果尝试连续扣、垫、传。 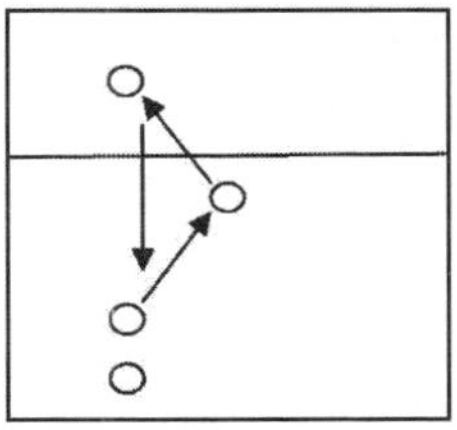 要求：扮演好每一个角色；主动控制球；加强接应和串联。
		2. 复习单人拦网技术 （1）提问动作要领 （2）网前徒手练习 （3）原地拦扣球 重点：体会拦网的手上动作。 每人拦3次交换＊4组 （2组原地，2组移动）	10’	学生自愿讲解动作要领并示范。 学生同上4组，轮流练习。 要求：注意保持好网距，体会伸臂动作。 学生分为2组，1组拦教师原地抛扣球。 1组学生轮流凳上举球，拦固定球。先原地拦，后移动拦。 要求：认真体会；注意动作细节，不碰网；注意脚下球，避免踩球。

部分	时间	教 学 内 容	分量	组 织 教 法
		4. 4号位扣球加单人拦网 重点：学习拦网判断取位 难点：扣球效果，扣球线路的判断	10’	球网两侧同时进行，教师和传球好的学生轮流传球组织中网扣球。 学生轮流拦网，有效拦网1次，或起跳拦网3~5次，换人拦网。 要求：扣球不冲网；拦网注意伸臂动作，不碰网。
		5. 学习“单人拦网防守阵形” （1）沙盘讲解 重点：基本取位和分工	35’	队列队形，听讲解。 讲解本方发球时前排队员的站位，以及拦网、防守后如何组织“中一二”进攻。
		（2）半场6人听口令跑位练习 重点：移动取位		教师模拟对方扣球的位置用口令指挥练习。3~4次后前后排交换，然后换组。
		（3）对攻练习 重点：学习防守战术的实际运用 难点：“中一二”进攻组织的效果		教师在场外抛球，一方组织“中一二”进攻，另一方组织单人拦网防守，有机会再组织“中一二”进攻。每3球，接发球一方转一轮，3轮后拦防方前后排交换。然后换组。 场下学生观摩、思考、捡球、递球。 要求：积极动脑，理解战术。
结束部分	5’	1. 收球 2. 解答学生对战术的提问		启发学生提问，然后解答。
见习生安排			场地与器材	
课后小结				

授课周次__**周**__19__**次**　　**授课对象**________**日　期**___

课的任务　逐步提高串联意识和水平；进一步学习单人拦网防守阵形，逐步提高在对攻中的运用；初步学习换位的“中一二”接发球进攻，帮助学生理解排球的战术体系。

部分	时间	教 学 内 容	分量	组 织 教 法
准备部分	15’	1. 集合，检查出勤，安排见习 2. 宣布课任务，提出要求及安全注意事项 3. 准备活动 （1）双人徒手体操 （2）游戏“打龙尾”		 体操队形，同列 2 人 1 组，要求加强配合。 两半场各 1 组练习。 各组报数分成 3 组，1 组在圈内组成“龙”，其他组在圈外用 1 球打“龙尾”。要求打最后 1 名学生的腰部以下部位。比较哪组在圈内的时间长。 教师讲解“龙”的摆动方法。
基本部分	70’	1. 2 人传、垫球	10’	学生自愿组合，传、垫球各完成连续 30 次，先完成的组尝试扣、垫、传串联练习。 从自抛扣球做起，扣→垫→传→扣。 要求：2 人加强配合与接应；主动控制球。
		2. 单人拦网防守练习 （1）提问并讲解	20’	请学生布置 6 人上场，摆出单人拦网防守阵形，并讲解每人的防守职责区域。 教师补充、归纳。
		（2）2、4 号位扣球加单人拦网防守 重点：扣球、拦防取位意识 难点：扣球效果		接上一步骤，换 6 人上场练习单人拦网防守。其他学生在另半场 2、4 号位准备扣教师的抛球。然后尝试学生传球。 每扣 10 球，前后排交换；然后再换 6 人做拦防练习。 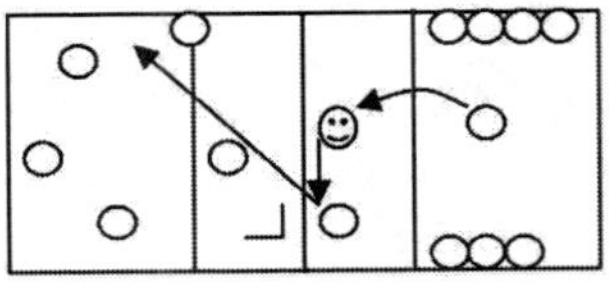 要求：扣球减少失误，不过线，不碰网；拦网不碰网，防守方根据进攻点迅速取好防守位置，积极跑动。

部分	时间	教学内容	分量	组织教法
		3. 学习换位的“中一二”接发球进攻 （1）布阵讲解 （2）结合抛球的跑动练习 重点：了解跑动目的和方法 （3）教学比赛	40’	 讲解位置关系，何谓位置错误等。 讲解换位组织进攻的方法。 6 人上场，指定 2 名二传学生。 教师隔网抛球组织练习。 要求：场下学生认真观摩学习，达到上场能运用的程度。 场上 6 对 6 比赛，发球进入比赛。 15 分 1 局，根据时间打局数。 鼓励并帮助学生尝试运用换位的“中一二”进攻。 场下学生观摩并讨论所学习的进攻战术。 要求：积极；动脑；相互学习。
结束部分	5’	1. 收球 2. 小结进攻、防守阵形学习情况 3. 归纳已学的攻、防集体战术		教师讲解，解答学生提问。
见习生安排			场地与器材	
课后小结				

授课周次__周__20__次　　授课对象________日　期___

课的任务　逐步熟练“中一二”接发球进攻的各种情况，并能在比赛中运用；逐步提高垫、传、扣的串联能力；初步学习3号位扣半高球；培养排球的比赛意识。

部分	时间	教 学 内 容	分量	组 织 教 法
准备部分	15’	1. 集合，检查出勤，安排见习 2. 宣布课的任务及要求 3. 准备活动 （1）围圈徒手体操 振臂、扩胸、转体 踢腿、转髋、腰绕环 下蹲起、编花等 （2）追逐游戏		 围一圈，手拉手，集体练习。 要求：加强配合，尽快理解练习方法，积极参与练习。 同上2组围圈追逐。 1对学生相互追逐，被追的学生跑到圈上举手为安全。举手一侧的学生迅速反应并跑开，追逐的学生换追逐对象。若追上交换。 要求：不可原地举手，必须跑出原位；反应迅速。
基本部分	70’	1. 2人对传、垫 连续30次＊2组	8’	学生自愿组合，教师适当调整，保证练习的连续进行。 先完成的组进行扣、垫、传的串联。 要求：正确选择传、垫球技术；尽量不让球落地；主动控制球。
		2. 4号位扣球 重点：垫、传、扣串联 难点：各项技术及球质量	12’	在两半场同时进行。 垫起隔网抛球后，传球，扣球。 组织成5次扣球，换垫球和传球人。 先安排传、垫球技术较好的学生传、垫球。 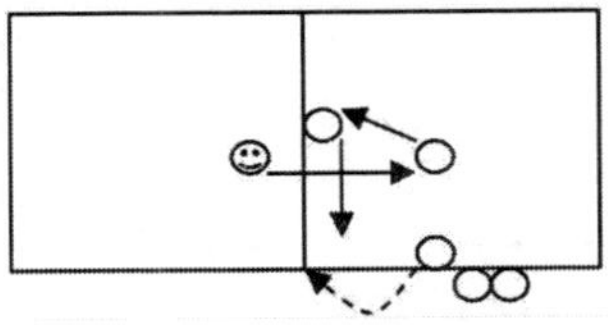 要求：努力垫好球；传球人跑动接应，需要时运用垫球技术组织进攻；扣球人学习弥补二传。

部分	时间	教 学 内 容	分量	组 织 教 法
		3. 学习 3 号位扣球	10’	教师先讲解扣 3 号位球的动作要领，并进行示范。对照 4 号位扣球讲解。 然后组织两边 3 号位的扣球，教师传球。 要求：认真体会并注意与二传和网的距离；注意扣球的挥臂动作。
		4. 分组教学比赛	40’	队列自然分为 3 组，每组确定 2 名二传手，然后进行比赛。 学习运用换位的“中一二”进攻和单人拦网防守阵形。 教师不断提醒站位和移动取位。 比赛前先进行 3 分钟的发球练习。 15 分 1 局，根据时间打局数。
结束部分	5’	1. 收球 2. 小结串联能力以及攻、防战术的运用情况。		教师讲解练习和比赛中存在的问题，解答学生提问。
见习生安排			场地与器材	
课后小结				

授课周次__周__21__次　授课对象________日　期____

课的任务　学习排球的主要战术阵形；了解主要战术的教学步骤；更好地理解排球运动，学会欣赏排球运动。

部分	时间	教学内容	分量	组织教法
准备部分	5’	1. 检查出勤 2. 宣布本课任务及要求 3. 回顾实践课上已学的战术		提问，学生讨论。
基本部分	80’	1. 讲解排球战术的基本分类	8’	结合幻灯进行讲解。
		2. 分析防守战术 （1）接发球防守 （2）接扣球防守	17’	幻灯演示 + 黑板画图 + 学生画图。 以5人接发球为主。 以单人拦网和双人拦网心跟进为主。
		3. 分析进攻战术 （1）“中一二”进攻 （2）“边一二”进攻 （3）“插上”进攻	20’	同上组织教学。 重点讲解“中一二”进攻，以及换位的“中一二”进攻。 采用对比手段讲解“边一二”进攻。 介绍“插上”进攻。
		4. 介绍进攻打法	5’	视频演示。
		5. 在比赛中了解排球战术	20’	观看奥运会男排比赛录像。
		6. 讲解战术教学步骤	10’	通过归纳实践课上的教学进行讲解。
		7. 布置思考题		
结束部分	5’	回答学生提问		
课后小结				

授课周次__**周**__22__**次**　　**授课对象**________**日　期**___

课的任务　巩固“中一二”接发球进攻战术；提高基本技术、战术在比赛中的运用能力，培养串联意识和比赛意识；介绍双人拦网技术。

部分	时间	教 学 内 容	分量	组 织 教 法
准备部分	20’	1. 集合，检查出勤，安排见习 2. 宣布课任务，提出要求及安全注意事项 3. 准备活动 （1）慢跑加步法练习 （2）跨跳步体操 （3）2 人传、垫球 连续 30 次 * 2 组		 绕排球场 3 圈。 绕场地行进。教师在圈内带操。 要求：动作协调；跟上口令节奏。 学生自愿 2 人 1 组用 1 球，相互观摩纠正动作。传、垫球交替进行。传、垫球各做 2 组。
基本部分	65’	1. 介绍双人拦网配合 （1）示范讲解 （2）原地双人拦网练习 （3）3 号位移动组成双人拦网	10’	请学生协助示范和讲解。 学生 2 人 1 组拦网，网两侧各 2 组，听教师鸣哨进行练习。3 次练习后换组。  要求：体会起跳的配合；不碰网。 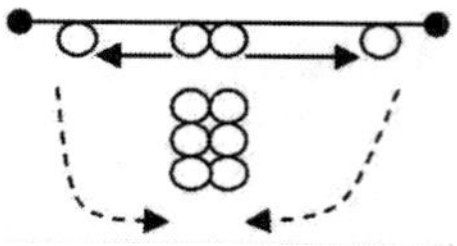 要求：移动后制动起跳；加强起跳时机的配合，以及拦网手型的配合。
		2. 2、3、4 号位扣球	20’	教师传球。然后由学生尝试作二传。 网同侧进行，先扣 3 号位和 4 号位，再扣 3 号位和 2 号位。 最后尝试加双人拦网。 要求：认真找好球；提高扣球成功率。

部分	时间	教学内容	分量	组织教法
		3. 端线发球	5’	学生自选上手旋转球或上手飘球进行练习，教师帮助纠正动作，提示学生区分旋转球和飘球的动作。 要求：认真抛球；固定挥臂轨迹；减少失误。
		4. 分组教学比赛	30’	将学生分成3组，各组指定二传学生， 学生发球进入比赛。 比赛中帮助学生逐步熟练换位“中一二”的进攻打法。 15分1局，2组间进行对抗。2～3局比赛。
结束部分	5’	1. 收球 2. 帮助学生自己评价技术、战术掌握情况		提问，回答学生的提问。
见习生安排			场地与器材	
课后小结				

授课周次__周__23__次　　授课对象________日　期___

课的任务　初步学习“边一二”接发球进攻阵形；使学生更好地理解排球比赛中的两种进攻阵形以及“四二”配备；逐步提高组织进攻的水平；复习双人拦网配合。

部分	时间	教 学 内 容	分量	组 织 教 法
准备部分	15’	1. 集合，检查出勤，安排见习 2. 宣布本课任务，提出要求		
		3. 准备活动 （1）集中注意力练习		反向口令做动作。
		（2）各种传递球练习 头上传、转体传、跨下传、交替传、运球跑接力等		前后排对抗，成两路纵队，排头传球至排尾，比速度。
基本部分	70’	1. 3 人三角传、垫球 重点：培养击球到位意识 累计 100 次	10’	学生自愿组合，距离 2 米左右。 保证组间的练习距离。 不固定传、垫球方向，学生自己决策。 计各组球落地次数，比哪组落地次数少。 要求：合理用传、垫球技术；注意击球的目的性；加强呼应和接应。
		2. 3 人扣、垫、传 重点：培养接应、弥补意识 3 分钟交换角色	10’	同上分组，1 人扣球，1 人垫球，1 人传球。 先做自抛扣球，然后尝试连续扣→垫→传。 每 3 分钟教师通知学生变换角色。 要求：每个环节尽可能控制球；尽快转变角色；加强配合和串联。
		3. 4 号位扣球 + 双人拦网 重点：扣球的稳定性	8’	一侧教师传球，另一侧学生传球。 加双人拦网，提问拦网的分工并再次强调拦网人分别的职责。 要求：扣球不冲网，且减少失误；待二传出手后再移动拦网。
		4. 3 号位扣球	7’	球网同侧练习。学生先尝试传球，扣 3 号位的半高球，然后根据学生掌握情况由教师传球，介绍扣快球。

部分	时间	教 学 内 容	分量	组 织 教 法
		5. 学习“边一二”接发球进攻战术 (1)演示讲解 (2)教师传球组织“边一二”进攻 重点：学习进攻形式 (3)6对6对抗 重点：组织进攻 难点：第1次垫球的到位程度	35’	6名学生上场协助演示讲解。 学生分为2组，分别在3、4号位准备扣球，教师组织进攻，学生抛球。 然后由传球较好的学生尝试组织进攻，再过渡到其他学生自愿尝试组织进攻。 每边由学生自己确定二传队员，练习“中一二”、换位“中一二”、以及“边一二”接发球进攻。 教师场外抛球，一方组织进攻，另一方组织双人拦网，有机会可以组织反攻。 每边给2次球后转一轮。6轮以后换二传和攻手。 要求：场下学生注意观察和思考，并提醒场上的站位。
结束部分	5’	1. 收球 2. 小结串联与战术运用		启发观摩的学生分析场上进攻战术运用情况。
见习生安排			场地与器材	
课后小结				

授课周次__周__24__次　　**授课对象**________**日　期**___

课的任务　进一步明确“边一二”接发球进攻战术的基本打法，并尝试在比赛中初步运用；介绍双人拦网心跟进防守阵形；培养学生的排球战术意识。

部分	时间	教 学 内 容	分量	组 织 教 法
准备部分	15’	1. 整队报数，检查人数，师生问好 2. 宣布本课内容及其要求 3. 安排见习生 4. 准备活动 （1）原地徒手体操 （2）游戏 “活门手球比赛”		 体操队形，牵拉各关节韧带和肌肉。 协调性练习。 前后排学生之间对抗。 每组 2 名学生手拉手形成“球门”，其他学生组织攻防。在排球场地内。用手球比赛的方法，“球门”也可以参与进攻，用球打到“球门”即得分。 要求打腰以下部位。
基本部分	70’	1. 2 人传、垫球	8’	固定分组进行练习，缺人时适当调整。 传、垫球均要求连续 30 次。 每个练习 2 次机会，完成 1 组即可。 先完成的组进入下一练习。
		2. 2 人扣、垫、传串联 重点：练习兴趣，技术运用 10 次 * 2 人 * 2 组	7’	2 人相距 6 米左右，与网平行站位练习。 第 1 组自抛扣——垫——传串联，进一步熟练扣球手法。 第 2 组做扣——垫——传串联。 完成较好的组可以尝试连续的扣、垫。 要求：扣球手包满球，鞭打动作完整，控制力量和球的落点。
		3. 3、4 号位扣球加双人拦网	15’	将学生分成 3 号位扣半高球、4 号位扣一般高球和拦网 3 个组，交替进行练习。 拦网组学生同时轮流作二传、拦网，传 10 个球后轮换。 要求：边练习边思考不同角色在比赛中的作用。

部分	时间	教学内容	分量	组织教法
		4. 介绍双人拦网心跟进防守阵形 （1）演示讲解	15’	指定6名同学上场示范，以对方4号位扣球为例，2、3号位拦网，4号位下撤防守小斜线扣球，5号位防守大斜线扣球，6号位跟进防守拦起球或吊球，1号位防守直线扣球。 要求：体会各位置的防守职责范围。
		（2）结合扣拦对抗练习		换场下6名同学拦防，其他学生在另一半场进行4号位扣球练习，由教师组织进攻。 防守一方防守各自的位置，判断准确、移动到位。轮转6个轮次后2组交换。
		5. 6对6比赛	25’	运用“边一二”进攻阵形和双人拦网心跟进防守阵形进行比赛。 教师场外抛球进入比赛。15分1局。3组学生轮换比赛。 要求：攻防转换要迅速，明确不同位置的职责，加强拦防的配合意识。
结束部分	5’	1. 收球，放松活动 2. 评价课的效果，提出应该注意的问题，布置思考问题		同列2人组练习。 回答学生提问。
见习生安排			场地与器材	
课后小结				

授课周次__**周**__25__**次**　**授课对象**________**日　期**____

课的任务　在教学比赛中提高所学战术的运用能力，尤其是进攻战术；提高基本技术的串联能力，培养串联意识；初步尝试双人拦网防守战术；培养集体注意精神。

部分	时间	教 学 内 容	分量	组 织 教 法
准备部分	15’	1. 集合，检查出勤，安排见习 2. 宣布本课任务及要求 3. 准备活动 （1）徒手体操 （2）2 人传垫球		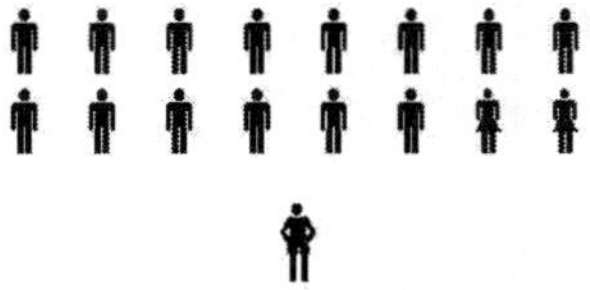 围圈，隔一个学生带一节体操，四八呼。 要求：有示范，口令洪亮有节奏。 按考试的分组进行练习。
基本部分	70’	1. 4 号位扣球	15’	两边 4 号位扣球。先由教师和传球较好的学生传球，然后均由学生传球，教师帮助纠正动作。 要求：减少扣球失误。
		2. 发球	5’	5 个球 1 组进行练习，记好球数。 要求：用上手发球或上飘发球动作进行练习，纠正动作；减少失误。
		3. 教学比赛	50’	学生自愿分成 2 组，教师适当进行调整。 25 分 1 局，2～3 局比赛。 要求：用好“中一二”和“边一二”进攻；尝试双人拦网心跟进防守；加强串联和呼应。
结束部分	5’	1. 收球 2. 小结比赛情况		启发学生发言，然后教师归纳。
见习生安排			场地与器材	
课后小结				

授课周次__周__26__次　　**授课对象**________**日　期**___

课的任务　了解排球运动的发展史与发展现状；进一步理解排球比赛的基本规则；初步掌握排球竞赛的组织与编排方法；欣赏排球运动。

部分	时间	教学内容	分量	组织教法
准备部分	5’	1. 检查出勤 2. 宣布本课任务，提出要求 3. 了解学生对排球运动了解情况	5’	提问讨论。
基本部分	80’	1. 排球运动的起源与传播 2. 亚洲及中国排球运动的特点 3. 沙滩排球、软式排球	30’	观看视频课件。
		4. 排球运动特点	5’	提问，讨论，归纳。
		5. 排球比赛的主要规则	15’	讲解，课件归纳。
		6. 排球竞赛的组织与编排	30’	讲解，课件，练习6个队的编排。
结束部分	5’	回答学生的提问		
课后小结				

授课周次__**周**__27__**次**　**授课对象**________**日　期**___

课的任务　提高传、垫技术的熟练程度及运用能力；介绍勾手发飘球技术；逐步理解和熟悉排球的基本战术，并能在比赛中初步运用；培养学生的裁判能力和敬业精神。

部分	时间	教学内容	分量	组织教法
准备部分	15'	1. 集合，检查出勤，安排见习		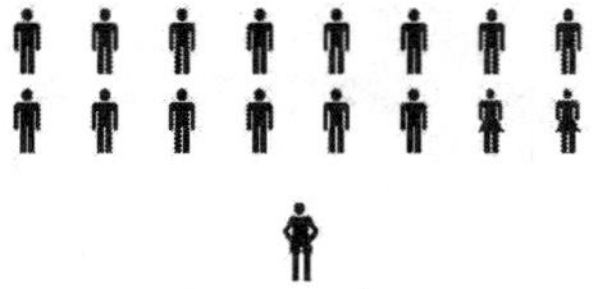
		2. 宣布本课任务及要求		
		3. 准备活动 （1）原地徒手体操		围成2圈，在两半场。各组每人带一节徒手体操。
		（2）2人1组传、垫球		固定组合练习。传、垫球分别练习，并交替练习。 2次机会为1组，统计连续次数。 教师重点纠正动作，通过改进动作提高传垫球的连续次数。 要求：认真；尝试教师给予的纠正；积极配合，不埋怨。
基本部分	70'	1. 4号位扣球	10'	球网两侧同时进行，重点练习扣球技术，先由教师抛球组织一点进攻，学生传球组织一点进攻。然后学生轮流传球。 保证传球质量，教师重点对有困难的学生进行辅导，采用单个练习的方法纠正动作。 要求：认真找好起跳时间和地点；注意用正确的挥臂动作完成扣球；尽可能减少扣球失误。
		2. 介绍勾手发飘球 （1）示范讲解 （2）徒手练习	7'	提问飘球原理。 听教师口令，按节奏进行练习。 要求：注意抛、击的配合以及动作节奏。
		（3）对挡网发球		距离挡网3～4米，学生分成2组，听哨声轮流练习。抛球手持球于击球高度，击球手挥臂击固定球。 要求：持球高度合适；击准球。

部分	时间	教 学 内 容	分量	组 织 教 法
		3. 端线发球练习	8’	先进行勾手飘球练习，然后学生自选动作练习。教师帮助纠正动作。 要求：认真；减少失误。
		4. 分组教学比赛	45’	根据学生水平，教师分组，形成实力相当的2个组。 各组先确定二传学生，然后搭配攻手。后上场学生学习和练习裁判工作。 教师重点指导裁判工作。 25分1局，打2局比赛。 要求：坚持用好“中一二”接发球进攻战术，包括换位的“中一二”；尝试防守战术。
结束部分	5’	1. 收球 2. 小结比赛 3. 小结技术动作的纠正情况		学生自己小结。 教师分析典型动作。
见习生安排			场地与器材	
课后小结				

授课周次__**周**__28__**次**　**授课对象**________**日　期**____

课的任务　学习竞赛的编排工作；进一步培养裁判能力；提高基本技术和战术的运用能力；提高串联意识和能力；逐步提高比赛水平。

部分	时间	教学内容	分量	组织教法
准备部分	25’	1. 集合，检查出勤，安排见习		
		2. 宣布本课任务及要求		
		3. 分组抽签		与另一班学生一起，每个班各出2个组，形成4个队，每队确定自己的队名。然后进行抽签，根据抽签结果，编写“比赛日程表”和“比赛成绩登记表”，以便依此进行比赛。
		4. 准备活动		各班班长组织徒手体操、传垫球练习。
基本部分	60’	1. 上网扣球和发球	10’	两个班各在半场进行练习。 由担任裁判的学生组织。 教师指导比赛的组织工作。
		2. 教学比赛	50’	根据抽签和编排结果进行单循环比赛。 21分1局，1局定胜负。 学生自行担任场外指导。 教师重点指导竞赛和裁判工作。
结束部分	5’	1. 收球 2. 小结比赛、竞赛和裁判工作		学生先小结，教师归纳。解答学生提问。
见习生安排			场地与器材	
课后小结				

授课周次__**周**__29__**次**　　**授课对象**________**日　期**____

课的任务　继续进行“正式”比赛，进一步提高技术、战术的运用能力，以及串联意识和能力；逐步提高比赛水平；进一步培养竞赛组织能力和裁判能力。

部分	时间	教学内容	分量	组织教法
准备部分	20’	1. 集合，检查出勤，安排见习 2. 宣布本课任务及要求 3. 分组抽签		 将学生分成3个队，每队确定自己的队名。然后进行抽签，根据抽签结果写出“比赛日程表”和“成绩登记表”。
		4. 准备活动		各组队长带领进行徒手体操、传垫球练习。两边场地同时进行。
基本部分	65’	1. 上网扣球和发球	10’	两半场同时进行练习。 由担任裁判的学生组织。 教师指导比赛的组织工作。
		2. 教学比赛	50’	根据抽签和编排结果进行单循环比赛。 始终2组比赛，1组裁判。 25分1局。 学生自己担任场外指导。 教师重点指导竞赛和裁判工作。
结束部分	5’	1. 收球 2. 小结比赛 3. 小结竞赛和裁判工作		学生先小结，教师归纳。 解答学生提问。
见习生安排			场地与器材	
课后小结				

授课周次__**周**__30__**次**　　**授课对象**________**日　期**___

课的任务　介绍软式排球基本技术和主要规则；培养学生对排球运动的兴趣；尝试软式排球比赛，享受软式排球运动的乐趣；培养裁判能力。

部分	时间	教 学 内 容	分量	组 织 教 法
准备部分	15’	1. 集合，检查出勤，安排见习 2. 宣布本课任务及要求 3. 准备活动 （1）原地徒手体操	8’	 围成圈。 从大排头开始每个学生带一节操。 带操学生站圈上。 要求：有示范；口令洪亮；动作节奏合适；“四八呼”一节操；后面学生不与前面的学生重复。
		（2）游戏“沿线追逐跑”	5’	半场加另半场的前场所有排球场的线为游戏区域。 1 人追，其他人跑。被追上的学生举手示意，然后追逐其他学生。
基本部分	70’	1. 传、垫球技术介绍 （1）示范讲解与硬排球的技术区别	15’	由于球的特性不同，特别注意发力环节的区别、传球手型的区别、垫球触球部位的区别。
		（2）2 人 1 组进行练习		学生自愿组合练习，体会区别。
		（3）4 人组成圈传、垫球		上面练习的 2 组学生合为 1 组，强调串联和传、垫球技术的运用。
		2. 4 号位扣球 （1）示范讲解与硬排球技术的区别	15’	挥臂动作、击球部位的区别；助跑起跳时机的区别等。
		（2）2 人 1 组，自抛扣球		同传、垫球练习分组，距离 6 米左右。 重点体会击球部位和挥臂动作。

部分	时间	教 学 内 容	分量	组 织 教 法
		（3）上网扣抛球		在两边4号位同时练习，一边教师抛球，另一边学生传球。 要求：动脑；注意助跑起跳时机；体会手法的区别。
		3. 发球练习	10’	
		（1）介绍软式排球发球技术与硬排的区别		以介绍下手发球为主，重点强调发力环节的区别：动作幅度、动作速度、击球部位等。
		（2）学生自主尝试练习		端线发球：教师进行个别指导并逐个检查练习质量。 要求：认真抛球，认真体会发力环节的动作。
		4. 分组教学比赛	30’	将学生分成4组，2组学生比赛，学生轮流担任裁判。比赛的组学生进行大轮转。 教师重点指导裁判工作，同时适时指点比赛。比赛主要由学生自主进行。 15分1局，4个组进行交叉淘汰赛。场下学生练习传、垫技术。 要求：主动运用所学的技术；加强呼应和接应；相互提醒技术和战术的运用；减少发球失误。
结束部分	5’	1. 收球 2. 小结软式排球技术与硬排的区别 3. 小结比赛中技术运用情况		解答学生提问。 分析比赛中的典型技术运用。
见习生安排			场地与器材	
课后小结				

授课周次__周__31__次　　授课对象________日　期____

课的任务　小结各项技术的教学步骤；复习考试技术；介绍“插上”接发球进攻形式。

部分	时间	教学内容	分量	组织教法
准备部分	20’	1. 集合，检查出勤，安排见习		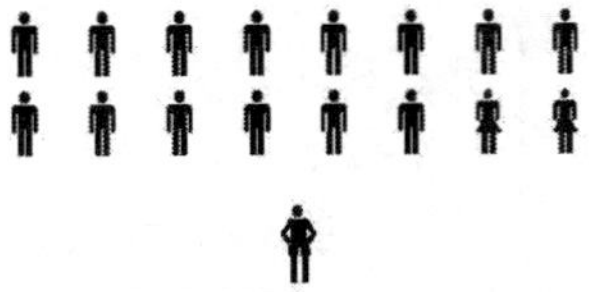
		2. 宣布本课任务及要求		
		3. 归纳讲解发球、传球、垫球、扣球技术的教学步骤	10’	4 列横队，两两相对，教师在中间。
		4. 准备活动	8’	4 列体操队形，教师带领练习。 牵拉关节韧带和肌肉。
基本部分	70’	1. 复习传、垫球考试技术 各 2 次机会练习 ＊2 组	8’	学生 2 人 1 组，根据考试的初步分组进行。传、垫球各 2 次机会进行练习。一次机会完成后了解学生的练习结果，并讲解考试的技巧。练习中间教师依次评价技术并纠正错误动作。
		2. 扣球	7’	学生分别在两边场地的 4 号位扣，教师和学生抛球或传球。 要求：注意助跑起跳动作；制动找好击球点；减少扣球失误。
		3. 按照考试形式练习扣球 根据时间和学生的需求 练习 1 ~ 2 组	15’	将学生分成 2 大组，1 组模拟考试练习，另 1 组在另半场继续扣球练习，然后交换。 按考试顺序 3 人 1 组，扣教师抛球。 同组的其他学生捡球和递球。 教师对每次扣球效果进行评价。 要求：认真听教师的评价，不断调整自己的扣球动作和效果。

部分	时间	教 学 内 容	分量	组 织 教 法
		4. 发球 重点：发球的稳定性 连续 5 次 * 4 组	8’	5 次发球为 1 组，每人完成 4 组发球。 教师依次进行技术评定。 要求：明确自己选择的发球技术，并按所选发球技术的动作要求去练习。认真记数，了解自己的发球成绩。
		5. 分组教学比赛	27’	根据学生的复习情况，以及学生的意愿安排比赛，或由学生选择参加比赛或继续复习。 比赛时或比赛的学生在基本能够运用“中一二”和“边一二”进攻形式的基础上，介绍“插上”进攻形式。 15 分 1 局比赛。第 2 局时学生自选进攻形式。
结束部分	5’	1. 收球 2. 小结复习情况 3. 解答学生有关考试的提问		围成圈，教师在圈上。
见习生安排			场地与器材	
课后小结				

授课周次__周__32__次　授课对象________日　期____

课的任务　完成技术考试；征求学生对课程的意见和建议。

部分	时间	教学内容	分量	组织教法
准备部分	20’	1. 集合，安排考试顺序 2. 鼓励大家考出好成绩 3. 准备活动 4. 2 人 1 组传、垫球练习		 学生自主练习。 根据考试的分组进行练习。在半场内进行。
基本部分	65’	1. 传球考试		按顺序在半场内考试。 1 组考试，其他组在场外加油或在另半场练习。每组 2 次考试机会。
		2. 垫球考试		同上。
		3. 扣球考试		按学号 3 人 1 组扣抛球。最后 1 组学生给第 1 组学生捡球，然后考试结束的学生为下 1 组学生捡球。
		4. 发球考试		按学号顺序 1 人连续发 5 次球。 后半部分学生先捡球，然后交换。 全部考试由教研室安排的教师来评分。
结束部分	5’	1. 感谢评分教师，请评分教师讲评 2. 收球 3. 征求学生意见，收取理论作业		队列队形。
见习生安排			场地与器材	
课后小结				

附录：裁判规则自我测验（三级）

一、填空（70 分，每空 1 分）

1. 国际正式排球比赛每队参赛队员的人数为（　　）人，上场比赛队员必须是（　　）人，每队最多可击球（　　）次过网。胜一局的分数是（　　）分，胜一场的局数是（　　）局。一个队胜一场得（　　）分，负一场得（　　）分，弃权（　　）分。
2. 排球比赛的记分方法是：第 1 至 4 局为（　　）分制。两队比分若打成 24：24 时则（　　）第 5 局为（　　）分制，两队比分 14：14 时则（　　）。
3. 排球比赛女子成年人的网高是（　　）米，男子成年人的网高是（　　）米。
4. 排球网的颜色为（　　），其长度为（　　）米，宽度为（　　）米。排球网柱距离边线为（　　）米，排球柱的高度（　　）米。标志带的宽度是（　　）厘米。
5. 正式比赛用的排球周长为（　　），重量为（　　），气压为（　　）。比赛采用（　　）球制。
6. 比赛开始前运动队参加挑边的人是（　　），比赛结束后运动队队员签字的是（　　）。
7. 国际排球比赛场地长（　　）米，宽（　　）米。界线宽（　　），边线距离无障碍区至少（　　）米，端线距离无障碍区至少（　　）米，比赛场上空的无障碍空间至少（　　）米。
8. 填上各区域的名称（下图）

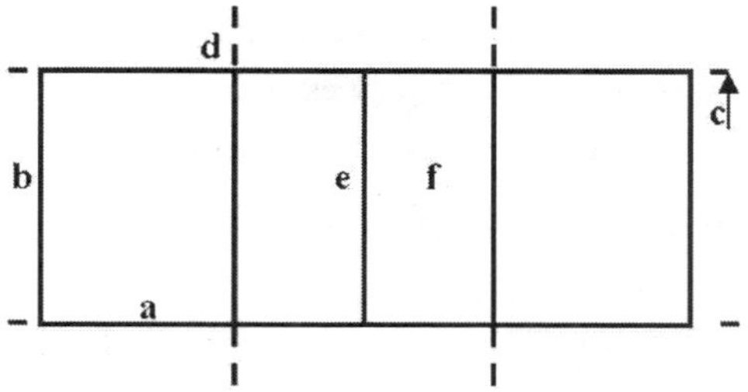

a（　　）线、b（　　）线、c（　　）线、d（　　）线、e（　　）线、f（　　）线

9. 正式排球比赛 1 ~4 局，在每局中的每当领先队达到（　　）分和（　　）分时自动执行技术暂停，时间是（　　）秒。1 ~5 局中教练员和队长可以请求自由暂停的总数是（　　）次。
10. 比赛时场上队员的位置，前排左为（　　）号位，前排中为（　　）号位，前排右为（　　）号位，后排左为（　　）号位，后排中为（　　）号位，后排右为（　　）号 位。
11. 运动员比赛服装号码的序列必须是（　　）号，身前号码高为（　　）厘米，身后号码高为（　　）厘米，笔画宽（　　）厘米。
12. 标志杆直径（　　）厘米，其设置在（　　），同边线为（　　）状态。它的总长度（　　）米，标志杆的红、白相间部分为（　　）米。
13. 在记录台前的换人区是（　　）线至（　　）线之间于（　　）线以外，自由人的换人区域是（　　）线至（　　）线之间。
14. 挑边后获胜的队长方可以选择的项是 1（　　）2（　　）3（　　）。
15. 每个队每局的换人次数是（　　）次，替补队员每局可以上场（　　）次。
16. 4、3、2 号位的队员和 5、6、1 号位的队员是（　　）关系。6、3 号位，4、5 号位，1、2 号位是（　　）关系。
17. 如遇两队或两队以上积分相等，采用计算名次的方法是算 Z 值 =（　　）。

二、是非题（正确填“＋”号：错误填“—”号，每题 1.5 分，共 30 分）

1. 前排队员进攻时只能在进攻线上和进攻区域以后进行进攻。（　　）
2. 队员发球的次序是按照队员技术水平的高低进行的。（　　）
3. 比赛开始前准备活动的时间是每个队各 10 分钟。（　　）
4. 击球时的犯规有：四次击球、借助击球、触网、持球。（　　）
5. 球触及球网标志带以外部分可以再次救球。（　　）
6. 发球前，场上 5 号位队员和 2 号位队员是同列关系。（　　）
7. 暂停时教练员可以要求裁判员对判罚结果作解释。（　　）
8. 拦发球为犯规，但扣发球不犯规。（　　）
9. 发球后，球触网后从两标志杆之间落入对方场区为不合法。（　　）
10. 自由防守队员可以替换本队场上的任何人员。（　　）

11. 比赛开始前教练填写的位置表一经交到记录台登记后，不得更改。（　　）
12. 自由防守队员和其他后排队员一样，不得拦网或试图拦网。（　　）
13. 第一裁判员可以更换司线员无权更换第二裁判员。（　　）
14. 自由防守队员的替换不受次数限制。（　　）
15. 持球犯规即：没有将球击出，造成接住或抛出。（　　）
16. 当司线员没有看清楚落在边线或端线附近球的落点时可以出无法判断旗示。（　　）
17. 一场比赛如中断 4 小时以上比赛将重新开始。（　　）
18. 教练员只在第一局位置表上签字。（　　）
19. 为了第一裁判员及时了解场上情况，记录台设在他的身后。（　　）
20. 比赛球的品牌，质地，颜色，周长，重量必须一致，气压可以稍有不同。（　　）

三、填空部分参考答案

1. 12 人，6 人，3 次，25 分，3 局，2 分，1 分，0 分
2. 25 分，超过对方 2 分，15 分，超过对方 2 分
3. 2.24 米，2.43 米
4. 深色或黑色，9.5 ~10 米，1 米，0.5 ~1 米，2.55 米，5 厘米
5. 65 ~67 厘米，260 ~280 克，0.30 ~0.325 公斤/平方厘米
6. 双方队长，双方队长
7. 18 米，9 米，5 厘米，5 米，8 米，12.5 米
8. 边线，端线，发球区短线，进攻线延长线，中线，进攻线
9. 8 分，16 分
10. 4、3、2，5、6、1
11. 1 ~18 号，15 厘米，20 厘米，2 厘米
12. 10 毫米，标志带外延球网不同两侧，垂直，1.8 米，0.8 米
13. 进攻线 进攻线，边线，进攻线，端线
14. 场地，发球，接发球
15. 6 人次，1 人次
16. 同排，同列
17. 总胜分/总负分

四、是非题部分参考答案

1. — 2. — 3. — 4. — 5. — 6. — 7. — 8. — 9. — 10. —
11. + 12. + 13. — 14. + 15. + 16. + 17. + 18. — 19. — 20. —

主要参考文献

1. 编写组．体育院校通用教材——排球运动［M］．北京：人民体育出版社，1999

2. 黄汉升．球类运动——排球［M］．北京：高等教育出版社，2005

3. 乔纳森·里泽，罗尔德·巴尔．运动医学与科学手册：排球［M］．葛春林等译．北京：人民体育出版社，2006

4. 孙平等．现代排球技战术教学法［M］．北京：北京体育大学出版社，2008

5. 中国排球协会．排球竞赛规则（2005－2008）［M］．北京：人民体育出版社，2006

6. 中国排球协会．沙滩排球竞赛规则（2003）［M］．北京：人民体育出版社，2003

7. 孙平等．排球（普通高校体育课程教材）［M］．北京：北京体育大学出版社，2007

8. 苏丽敏，钟秉枢．沙滩排球技巧图解［M］．北京：北京体育大学出版社，2003

9. 孙平．软式排球［M］．北京：中国财政经济出版社，2002

10. 国际排联官方网站：www. fivb. org